Anja Koser

Glücksorte im Weserbergland

Fahr hin & werd glücklich

Dieses

Glücksbuch

ist für

Liebe Glücksuchende,

„Wo Werra sich und Fulda küssen
Sie ihre Namen büßen müssen,
Und hier entsteht durch diesen Kuss
Deutsch bis zum Meer der Weser Fluss."

Der Ursprung der Weser markiert den Beginn des märchenhaften Weserberglands, Heimat vieler bekannter Märchen- und Sagengestalten. Auf der Trendelburg ließ Rapunzel ihr Haar herab, in Bodenwerder verfasste der Lügenbaron Münchhausen seine grandiosen Abenteuer und in Hameln befreite der Rattenfänger die Stadt von der Rattenplage.
Auch landschaftlich hat das Weserbergland einiges zu bieten: Neben dem längsten rein innerdeutschen Fluss erstreckt sich eine wunderschöne Landschaft, die von Wiesen, Feldern und Höhenzügen geprägt ist. Dazu kommen historische Städte mit prächtigen Fachwerkbauten, Schlösser und Burgen der Weserrenaissance und gleich zwei Weltkulturerbestätten.
Für das leibliche Wohl ist im Weserbergland natürlich bestens gesorgt: Hier gibt es einmalige Manufakturen für Öl und Senf, Bockbier in der alten Hansestadt oder leckere Linsensuppe beim Bäcker.
Im Weserbergland verbergen sich einfach unzählige Glücksorte – viel Spaß beim Entdecken!

Ihre Anja Koser

Deine Glücksorte ...

1 **Kulinarisches Erlebnis**
Das Restaurant Pfannekuchen in Hameln ... 8

2 **Rapunzel, lass dein Haar ...**
Das Burghotel Trendelburg ... 10

3 **Badespaß für Groß und Klein**
Der Doktorsee in Rinteln ... 12

4 **Zu Gast in der Natur**
Naturschutzgebiet Töneböns Teiche in Hameln ... 14

5 **Hier ist immer Naschzeit**
Das Café Die Nascherei in Minden ... 16

6 **Die Dinos sind los**
Der Dinopark Münchehagen in Rehburg-Loccum ... 18

7 **Erholung für Jung und Alt**
Der Schiedersee im Kreis Lippe ... 20

8 **Ready for take-off**
Das Hubschraubermuseum in Bückeburg ... 22

9 **Essen mit Panorama**
Restaurant & Lounge Monopol in Hameln ... 24

10 **Paradies für Oldtimer-Fans**
Der PS.Speicher in Einbeck ... 26

11 **Brocken des Weserberglands**
Der Köterberg bei Lügde ... 28

12 **Panoramablick auf Hameln**
Berg Klüt und Klütturm in der Rattenfängerstadt ... 30

13 **Ein Meer im Binnenland**
Das Steinhuder Meer bei Hannover ... 32

14 **Fantastische Märchen**
Das Münchhausen-Museum in Bodenwerder ... 34

15 **Von den Bergen ans Meer**
Der Weser-Radweg ... 36

16 **Himmlisch nächtigen**
Das Schlosshotel Münchhausen in Aerzen ... 38

17 **Das deutsche Stonehenge**
Die Externsteine in Horn-Bad Meinberg ... 40

18 **Tierisch wild**
Das Wisentgehege in Springe ... 42

19 **All Day Breakfast**
Die Barista Coffee & Eatery in Hameln ... 44

20 **Über den Dächern der Stadt**
Der Aussichtsturm Tillyschanze in Hann. Münden ... 46

21 **Exquisite Gaumenfreuden**
Das Restaurant Graf Everstein in Polle ... 48

22 **Mondäne Bäderkultur**
Der Kurpark in Bad Oeynhausen ... 50

23 **Immer den Fässern nach**
Der Bierpfad in Einbeck ... 52

24 **Auszeit am Weserstrand**
Lohmeyer's Beachbar in Minden ... 54

25 **Die Biker-Burg**
Die Tonenburg in Höxter-Albaxen ... 56

26 **Über dem Tor zu Westfalen**
Das Kaiser-Wilhelm-Denkmal in Porta Westfalica ... 58

27 **Spannende Entdeckungsreise**
Das Museum im Schloss Bad Pyrmont ... 60

28 **Der Sage auf der Spur**
Die Rattensteine in Hameln ... 62

29 **Märchenhafte Erholung**
Die Weser-Therme in Bad Karlshafen ... 64

30 **Ein Stück Geschichte**
Der Hamelner Bismarckturm ... 66

31 **Junges Leben, alte Mauern**
Das Kloster Möllenbeck in Rinteln ... 68

32 **Auszeit im Wald**
Sennhütte und Spelunkenturm in Bad Pyrmont ... 70

33 **Wie in Grimms Märchen**
Das Dornröschenschloss Sababurg in Hofgeismar ... 72

34 **Löffel raus**
Die Bäckerei Duygu in Hameln ... 74

35 **Das Beste der Traube**
Der ökumenisch-biblische Weinpfad Corvey ... 76

36 **Ab geht's!**
Die Sommerrodelbahn in Bodenwerder ... 78

37 **Vom Kloster zum Welterbe**
Schloss Corvey bei Höxter ... 80

38 **Heiß auf Eis**
Die Hamelner Eismanufaktur Diego ... 82

39 **Wie aus dem Märchen**
Schloss Hämelschenburg in Emmerthal ... 84

40 **Schlüsselbau der Moderne**
Das Fagus-Werk in Alfeld (Leine) ... 86

... noch mehr Glück für dich

41 **Das Tor zu Welt und Weser**
Der Barockhafen in Bad Karlshafen 88

42 **Edel speisen an der Weser**
Die Schloßwirtschaft in Hehlen 90

43 **Fantastisches Panorama**
Der Fernsehturm in Porta Westfalica 92

44 **Kurzurlaub an der Weser**
Der Bodega Beach Club in Rinteln 94

45 **Aschenputtels Heimat**
Die Burgruine Polle 96

46 **Grüne Lunge**
Der Bürgergarten in Hameln 98

47 **Ungewöhnliche Kirchenburg**
Die Krukenburg in Helmarshausen 100

48 **Pure Blütenpracht**
Der Ohrbergpark in Emmerthal 102

49 **Wie aus anderen Zeiten**
Das Renaissanceschloss Bückeburg 104

50 **Wellness de luxe**
Die Hufeland Therme in Bad Pyrmont 106

51 **Der große Abwasch**
Moderne Brunnenskulptur in Bad Nenndorf 108

52 **Wie zu Kaisers Zeiten**
Die Kultkneipe Reichsadler in Hameln 110

53 **Natürlich schwimmen**
Das Naturerlebnisbad in Lauenstein am Ith 112

54 **Einfach mal abschalten**
Das Hotel-Restaurant Waldquelle in Aerzen 114

55 **DIE Event-Location**
Das Rittergut Remeringhausen bei Stadthagen 116

56 **Pack die Badehose ein**
Der Humboldtsee in Salzhemmendorf-Wallensen 118

57 **Märchenhafte Ausblicke**
Die Schaumburg bei Rinteln 120

58 **Ein Hauch Mittelmeer**
Der Palmengarten im Kurpark in Bad Pyrmont 122

59 **Scharfe Erfolgsgeschichte**
Die Einbecker Senfmühle 124

60 **1000 Jahre Frauengeschichte**
Das Damenstift Fischbeck in Hessisch Oldendorf 126

61 **Immer der Nase nach**
Duftender Stadtrundgang durch Holzminden 128

62 **Vom Kanal hinab zur Weser**
Die Schachtschleusen in Minden 130

63 **Das weiße Gold der Weser**
Porzellanmanufaktur & Museum Schloss Fürstenberg 132

64 **Essen mit Ausblick**
Die Paschenburg bei Rinteln 134

65 **Verwunschene Bäume**
Die Süntelbuchenallee im Kurpark Bad Nenndorf 136

66 **Der Weg ist das Zie**
Der Rintelner Klippenturm 138

67 **Eine wechselvolle Geschichte**
Das Weserrenaissance-Schloss 140

68 **Reise in die Tiefe**
Die Schillat-Höhle in Hessisch Oldendorf 142

69 **Über der Weser schweben**
Der Weser-Skywalk in Beverungen 144

70 **Kultur in der Burg**
Die Domänenburg in Aerzen 146

71 **Kuss von Werra und Fulda**
Der Weserstein in Hann. Münden 148

72 **Schlemmen wie in Bayern**
Das Grohnder Fährhaus in Emmerthal 150

73 **Mühlenfrische Bio-Produkte**
Die Ölmühle Solling in Boffzen 152

74 **Schönster Blick über den Ith**
Der Ithturm bei Salzhemmendorf 154

75 **In luftiger Höhe**
Der Jahrtausendblick in Steinbergen 156

76 **Heilendes Solewasser**
Die Ith Sole Therme in Salzhemmendorf 158

77 **Eine Seefahrt, die ist lustig**
Das Weserbergland vom Wasser aus erleben 160

78 **Schlichte Erhabenheit**
Die Klosterkirche in Lippoldsberg 162

79 **Hohe Klippen, weite Blicke**
Der Hohenstein bei Hessisch Oldendorf 164

80 **Sonne, Wasser und Natur pur**
Das Freizeitgelände Ahlemeyer bei Höxter 166

Kulinarisches Erlebnis

1 Das Restaurant Pfannekuchen in Hameln

Nicht nur die Liebe geht bekanntlich durch den Magen – gutes Essen vermag auch glücklich zu machen. Und dazu gehören definitiv Pfannkuchen: Sie sind einfach und schnell zubereitet, verbreiten einen unwiderstehlich leckeren Duft und schmecken mit den unterschiedlichsten Füllungen, sowohl süß als auch herzhaft. Dies wusste auch schon der Schriftsteller Georg Christoph Lichtenberg: „Der Duft eines Pfannkuchens bindet mehr ans Leben als alle philosophischen Argumente." Wer das etwas versteckt gelegene, alte Fachwerkhaus in Hamelns Altstadt betritt, in dem sich das Spezialitäten-Restaurant Pfannekuchen befindet, wird nicht nur vom verführerischen Duft der Pfannkuchen begrüßt, sondern begibt sich gleichzeitig auch auf eine Zeitreise in das Biedermeier und die Gründerzeit. Das Bürgerhaus hat nämlich eine über 350-jährige Geschichte und zählt somit zu den ältesten Gebäuden der Rattenfängerstadt. Dass es überhaupt noch existiert, ist Elsa Buchwitz – auch unter dem Namen „Trümmer-Elsa" bekannt – zu verdanken. Als Vorkämpferin der Hamelner Altstadtsanierung bewahrte sie das Haus nicht nur vor dem Abriss, sondern restaurierte es auch behutsam und eröffnete hier 1983 das Restaurant. Genossen werden die Pfannkuchen im unvergleichlich urigen und gemütlichen Ambiente des alten Fachwerkhauses auf zwei Etagen. In zahlreichen Nischen befinden sich insgesamt 26 Tische – im Sommer gibt es weitere Plätze im idyllisch begrünten Innenhof.

TIPP

Nach dem Essen den Hamelner Kräuterschnaps „Rattenkiller" trinken und durch die Altstadt spazieren.

Heute ist das Pfannekuchen eine Institution in Hameln. Freunde des Pfannkuchens finden hier über 40 Variationen: von klassisch süß bis herzhaft (z. B. mit Apfelmus oder Nutella, mit Lachs oder hausgemachtem Sahnegeschnetzelten). Neben den traditionellen Eierpfannkuchen gibt es auch Kartoffelraspel- und Schinkenspeck-Varianten. Abgerundet wird das kulinarische Angebot durch eine kleine, aber feine Auswahl an Suppen, Salaten und Desserts. Und auch Extrawünsche sind kein Problem: Für Allergiker werden auf Wunsch sogar milch-, mehl- und eierfreie Pfannkuchen gebacken. Hier ist also wirklich für jeden Geschmack etwas dabei!

- Restaurant Pfannekuchen, Hummenstraße 12, 31785 Hameln, Tel. (0 51 51) 4 13 78
  www.pfannekuchen-hameln.de
- ÖPNV: Bus 1, 2, 3, 4, 5, 6, 30, 40, 520, Haltestelle Papenstraße;
  Bus 1, 2, 5, 10, 15, 50, 91, Haltestelle Ostertorwall

Rapunzel, lass dein Haar …

2 Das Burghotel Trendelburg

Hoch über den Dächern der gleichnamigen nordhessischen Kleinstadt thront die Trendelburg mit ihrem 38 Meter hohen Bergfried. Wo einst Rapunzel aus dem Märchen der Gebrüder Grimm gelebt haben soll, kann man heute märchenhaft nächtigen und speisen. Denn die Burg, die erstmals 1302 urkundlich erwähnt wurde und auf eine wechselhafte Vergangenheit als Wehranlage, Jagdschloss und Forstamt zurückblicken kann, dient heute als Hotel. Und sie gilt als DAS Burghotel im Weserbergland. Seit 1996 ist die Trendelburg Teil der Privathotels Dr. Lohbeck, zu denen nur handverlesene Hotels der Vier- und Fünfsterne-Kategorie gehören. Mit ihren 22 märchenhaft eingerichteten Zimmern und Suiten, die sich perfekt in die Gegebenheiten der historischen Burg einfügen – kein Zimmer gleicht dem anderen! –, bietet die Trendelburg die perfekte Location für eine Auszeit vom stressigen Alltag. Der vierte Wehrturm der Burg wurde zudem zu einem Wellnessturm umfunktioniert: Erholungsbedürftige Gäste finden hier eine Sauna, eine Massage-Kemenate, ein Salzhaus sowie eine Sonnenterrasse auf der Turmmauer.

Der Burghof ist auch für Nicht-Hotelgäste zugänglich; der Rapunzelturm kann sogar bestiegen werden. Wo einst Rapunzel ihr goldenes Haar für ihren Prinzen herabgelassen haben soll, bietet sich den Besuchern heute nach dem Erklimmen der 130 Stufen eine fantastische Aussicht auf das Diemeltal. In den Tiefen des Turms verbergen sich darüber hinaus ein Foltermuseum sowie ein Verlies, das sogenannte Angstloch. Hier kann man sich schön-schaurig gruseln. Außerdem gibt es im Turm noch eine „Grimmsche Etage", wo Scherenschnitte des Künstlers Albert Völkl ausgestellt werden. Auch der kulinarische Genuss kommt hier natürlich nicht zu kurz: Im hoteleigenen Restaurant mit schöner Aussichtsterrasse auf das Diemeltal können die Gäste speisen wie früher und gehobene Küche mit frischen, regionalen Zutaten genießen. Hier finden auch regelmäßig märchenhafte Events wie das „Märchendinner" oder die „Rittermahle" statt.

TIPP

Da sich auf der Burg ein Standesamt befindet, kann man hier seine persönliche Märchenhochzeit feiern!

- Hotel Burg Trendelburg, Steinweg 1, 34388 Trendelburg, Tel. (0 56 75) 90 90 www.burg-hotel-trendelburg.com
- ÖPNV: RB 85, Bad Karlshafen Bahnhof; Bus 523, Haltestelle Trendelburg, Lieber

Badespaß für Groß und Klein

3 Der Doktorsee in Rinteln

Durch den Abbau von Kies und Sand entstand in Rinteln an der Weser ein großer Badesee – bzw. streng genommen eigentlich zwei Seen, die durch eine schmale Landzunge voneinander getrennt sind. Wenn man vom Doktorsee spricht, meint man aber in der Regel den größeren der beiden Seen, der den Mittelpunkt des gleichnamigen großen Freizeit- und Erholungsgebiets bildet. Übrigens: Der Name des Sees geht auf die ursprünglich an diesem Ort gelegenen Wiesen zurück, die sogenannten Doktorweiden.

Eingebettet in die schöne Landschaft des Weserberglands können Groß und Klein hier wunderbar eine Auszeit vom Alltag erleben. Mit seinen 800 Metern Badestrand, seiner langen Wasserrutsche und der großen Liegewiese bietet der Doktorsee ideale Voraussetzungen für unbeschwerte Stunden. Die kleinen und großen Gäste können gegen einen günstigen Eintrittspreis nicht nur im See schwimmen und baden, sondern auch paddeln, rudern, segeln oder Tretboot fahren (dies kostet extra). Zudem gibt es mehrere, gut ausgestattete Kinderspielplätze. Und auch der beste Freund des Menschen ist hier willkommen: Die hundefreundliche Freizeitanlage bietet sogar extra Hunde-duschen, damit sich auch die Vierbeiner abkühlen können. Auch kulinarisch werden die Gäste bestens versorgt: Sie haben die Qual der Wahl zwischen deutscher, italienischer und griechischer Küche. Wer möchte, kann sich außerdem ein Fahrrad leihen und auf dem nahe gelegenen Weser-Radweg die traumhafte Umgebung erkunden. Oder einfach mal die Seele in der „SeeSa-Sauna" baumeln lassen, einer 600 Quadratmeter großen Saunalandschaft.

TIPP

Das alljährlich stattfindende Sommer-Event „Doktorsee in Flammen" mit großem Feuerwerk besuchen!

Bei so vielen Freizeitmöglichkeiten wundert es nicht, dass viele Gäste länger am Doktorsee verweilen. Wer keinen eigenen Wohnwagen besitzt, kann hier sogar einen Wagen für bis zu vier Personen mieten. Weitere Unterkünfte stehen ebenfalls bereit: von komfortabel ausgestatteten Ferienhäusern und Ferienwohnungen über Lodges, Chalets und Appartements bis hin zum besonderen Schlaferlebnis in Schlaffässern.

● Doktorsee, Am Doktorsee 8, 31737 Rinteln, Tel. (0 57 51) 96 48 60
www.doktorsee.de

Zu Gast in der Natur

4 Naturschutzgebiet Töneböns Teiche in Hameln

Im Süden der Rattenfängerstadt Hameln befindet sich die unter Naturschutz stehende, 28 Hektar große Teichlandschaft Töneböns Teiche, für die die Stadt Hameln als untere Naturschutzbehörde verantwortlich ist. Die Teiche sind durch Bodenabbau entstanden – bereits im Mittelalter wurde mit dem Abbau von Kies und Ton sozusagen der Grundstein dafür gelegt. Im Laufe der Zeit haben sich die Uferbereiche mit Röhrichtzonen, Gehölzen und Wiesen naturnah entwickelt. Seit 1984 steht die Landschaft unter Naturschutz, was die höchste Schutzform darstellt. Ein respektvoller Umgang mit der Natur ist also unerlässlich – der Mensch ist hier nämlich nur Gast!

Auf den vorhandenen Wegen kann man das Gebiet gut erkunden, Natur pur erleben und die Ruhe und Erholung genießen. Es gibt einiges zu entdecken: Am besten dem schönen Rundwanderweg folgen, der ca. 30 bis 45 Minuten in Anspruch nimmt und auf dem man nach Herzenslust flanieren kann. Die kleine Tour führt an den Teichen entlang zu einer liebevoll gepflegten Kleingartenanlage. Weiter geht es an einem Reiterhof vorbei, wo man den sanften Rössern und ihren Reitern zusehen kann. Zum Schluss kommt man zu einem Jugendzeltplatz sowie diversen Sportanlagen. Am Ufer gibt es einige Beobachtungsplätze, wo man – mit etwas Glück – Wasservögel wie Enten oder elegante Schwäne beobachten kann. Denn die Teiche dienen auch als Rast- und Überwinterungsplatz für verschiedene Wasservögel wie den Zwerg- und den Haubentaucher, mehrere Entenarten und das Blässhuhn.

Auch für das leibliche Wohl ist gesorgt: Zur Belohnung kann man sich am Ende des Rundwanderwegs ein kühles Getränk oder ein leckeres Essen im Restaurant Seehof gönnen. Hier findet man gute deutsche Küche. Im Sommer kann man es sich auf der idyllischen Terrasse direkt am Teich bequem machen – tierische Begleitung in Form der frei herumlaufenden Hühner aus eigener Haltung inklusive!

- Töneböns Teiche, Tönebönweg, 31789 Hameln
- ÖPNV: Bus 44, 94, Haltestelle Stadion/Seehof

Hier ist immer Naschzeit

5

Das Café Die Nascherei in Minden

„Zeit zum Naschen nehm ich mir, fällt sie aus, werd ich zum Tier. Morgens, mittags und am Abend, naschen, gute Laune habend!“ Getreu diesem selbst kreierten Motto bietet die Nascherei in Minden zu jeder Tageszeit und für jeden Hungerzustand etwas Passendes – von Frühstück (entweder à la carte oder als Buffet) über kleine, herzhafte Snacks bis hin zu allerlei süßen Leckereien. Aber Achtung: Die Plätze sind heiß begehrt, besonders für das beliebte Frühstücksbuffet. Deshalb sollte man unbedingt frühzeitig reservieren.

Ende 2014 eröffnet, hat sich die Nascherei zum Treffpunkt in Minden entwickelt und ist immer wieder einen Besuch wert. Die helle und freundliche Einrichtung sowie der große lichtdurchflutete Wintergarten, der im Sommer komplett geöffnet werden kann, schaffen eine Wohlfühlatmosphäre. Besonders interessant: Man kann dem Team durch die gläserne Backstube bei der Herstellung der Speisen zuschauen. Das Herzstück des Cafés ist die Konditorei: Hier werden täglich kleine Köstlichkeiten wie Pralinen, Schokoladen, Trüffel, Gebäck, Kuchen und Torten in liebevoller Handarbeit gefertigt. Je nach Saison lassen sich die Konditormeister passende Eigenkreationen einfallen, die sich auch gut als süße Geschenkideen eignen. Zudem sind Sonderanfertigungen vom Foto-druck bis hin zum Firmenlogo möglich: Alle Ideen, die man essbar machen kann, können verwirklicht werden. Nach Absprache werden auch individuelle Hochzeitstorten für den schönsten Tag im Leben gestaltet. Komplettiert wird das Angebot durch frische Backwaren (auch zum Mitnehmen) und viele leckere Eissorten.

Doch auch Liebhaber von Herzhaftem werden hier fündig: Die Nascherei bietet nämlich auch kleine Zwischenmahlzeiten wie Suppen, Salate, belegte Brote, Burger, Pizza und Pasta. Grundsätzlich legt der Familienbetrieb bei all seinen Schleckereien großen Wert auf eine handwerkliche und genussvolle Zubereitung. Deshalb werden – soweit möglich – auch nur frische und saisonale Produkte aus der Region verwendet.

- Die Nascherei made by Café Lenz, Stiftsallee 71, 32425 Minden, Tel. (05 71) 88 91 56 66, www.dienascherei.de
- ÖPNV: Bus 2, 477, 611, 612, Haltestelle Stiftsallee

ZEIT
die NASCHEREI
MADE BY CAFÉ LENZ
ZUM NASCHEN
NEHM ICH MIR,
FÄLLT SIE AUS
WERD ICH ZUM TIER
MORGENS, MITTAGS
UND AM ABEND,
NASCHEN,
GUTE LAUNE HABEND!
EISZEIT

Die Dinos sind los

6 Der Dinopark Münchehagen in Rehburg-Loccum

Auge in Auge mit einem gewaltbereiten Tyrannosaurus Rex stehen oder unter den Beinen des Seismosaurus, dem größten Dinosaurier der Welt – all dies ist im Dinosaurier-Freilichtmuseum Münchehagen möglich! In Deutschlands größtem wissenschaftlichen Erlebnis- und Themenpark, der um das 1980 gefundene Naturdenkmal „Saurierfährten" (300 versteinerte Dinosaurierspuren) herum errichtet wurde, können sich die Besucher auf eine Zeitreise durch die Erdgeschichte begeben. Auf einem 2,5 Kilometer langen Rundweg erleben sie rund 400 Millionen Jahre Erdzeitalter im Zeitraffer – von der Ursuppe bis zur Steinzeit. Dabei begegnen ihnen über 230 lebensechte Rekonstruktionen von Dinosauriern und anderen Urzeittieren in Originalgröße, die in enger Zusammenarbeit mit internationalen Wissenschaftlern gebaut wurden. Außerdem gibt es hier ein großes Dino-Labor mit einer Schaupräparationswerkstatt, wo die Besucher den Experten live beim Präparieren von 150 Millionen alten Dinosaurierknochen über die Schulter schauen können. Wer aber nicht nur beobachten, sondern lieber selbst aktiv werden möchte, der bekommt dazu in der Mitmach-Halle die Gelegenheit. Hier können sich vor allem Kinder an verschiedenen Aktivitäten beteiligen: z. B. an der Ausgrabung eines (künstlichen) Dino-Skeletts, an der Suche nach Versteinerungen und Halbedelsteinen oder an diversen Bastel- und Malaktionen. Der Dinopark Münchehagen ist also ein Erlebnis für Groß und Klein – hier kann sich die ganze Familie auf eine Reise durch längst vergangene Zeiten begeben und die Faszination Dinosaurier hautnah erleben.
Wen Hunger oder Durst plagen, der findet in den Schnellimbiss-Restaurants im Park eine große Auswahl an leckeren, warmen und kalten Speisen sowie Getränken. Im Sommer lädt eine schöne Sonnenterrasse mit Blick auf einen Teich mit Bewohnern wie Fischen, Enten und Schildkröten zum Verweilen ein. Wer möchte, kann sich aber auch Proviant von zu Hause mitbringen und die Möglichkeiten für ein gemütliches Picknick in der Parkanlage nutzen.

- Dinosaurier-Park Münchehagen, Alte Zollstraße 5, 31547 Rehburg-Loccum, Tel. (0 50 37) 9 69 99 90, www.dinopark.de
- ÖPNV: RE 78, Leese-Stolzenau Bahnhof; Bus 50, 53, 55, 56, 835, Haltestelle Münchehagen Abzw. Saurierpark

DINO PARK

Erholung für Jung und Alt

7 Der Schiedersee im Kreis Lippe

„Wenn ich den See seh, brauch ich kein Meer mehr“. Dies trifft auf den ca. 90 Hektar großen Schiedersee, der auch als Emmerstausee bekannt ist, und das angrenzende Naherholungsgebiet definitiv zu. Der Schiedersee wurde Ende der 1970er zum Hochwasserschutz ausgehoben und Anfang der 1980er als Naherholungsgebiet baulich vollendet. Heute ist der in der Nähe der Stadt Schieder-Schwalenberg im Kreis Lippe gelegene Stausee ein beliebtes Ausflugsziel für Jung und Alt (besonders für Tagesgäste) und Heimat für viele Wassersportler.

Man kann hier surfen, segeln, Tretboot fahren oder eine einstündige Rundfahrt mit dem Ausflugsdampfer MS Schiedersee machen. Zwar ist der Schiedersee kein Badesee, aber in unmittelbarer Nähe befindet sich das Freibad Schieder, das über einen eigenen Sandstrand, verschiedene Sprungtürme und eine große Liegewiese verfügt. Besonders bei Familien sind Ausflüge zum Stausee sehr beliebt – für die Kleinen gibt es nämlich direkt am See den Kinderfreizeitpark Funtastico sowie einen Ponyhof. Die Erwachsenen können hingegen am „Ufer-Boulevard“, einem kleinen Strandabschnitt mit Liegestühlen, bei einer Bratwurst, einem Bier oder einem Eis entspannen.

TIPP
Ein kurzer Abstecher zum Schloss und Schlosspark in Schieder lohnt sich ebenfalls!

Auf gut befestigten Wegen können die Besucher zudem rund um den See spazieren gehen oder Rad fahren; am Nordufer des Sees sind die Wege sogar für Skateboards tauglich. Wer einmal rund um den Schiedersee wandern oder fahren möchte: Der gesamte Rundweg beträgt ca. 9 Kilometer. Aber keine Sorge: In regelmäßigen Abständen gibt es Möglichkeiten für eine bequeme Pause und eine Stärkung, z. B. das Café-Restaurant SeeTerrassen am Nordufer, den Imbiss Moses Hütte am Ende der Staumauer und das mitten im Freizeitzentrum Schiedersee gelegene Café-Restaurant Breitengrad. Hier kann man auf mehreren Ebenen im Außenbereich schlemmen und dabei das Treiben auf dem See auf sich wirken lassen.

- Freizeitzentrum SchiederSee, Kronenbruch 3, 32816 Schieder, Tel. (0 52 35) 50 38 94, www.schiedersee.de
- ÖPNV: S 5, Schieder Bahnhof, ca. 30 Minuten Fußweg oder weiter mit Bus Touristiklinie 792 (Wochenende), Haltestelle Freizeitzentrum SchiederSee

Ready for take-off

8 Das Hubschraubermuseum in Bückeburg

Hubschrauber sind faszinierende Luftfahrtzeuge: Sie können sowohl vorwärts, seitwärts als auch rückwärts fliegen, aus dem Stand abheben, senkrecht steigen und sinken, in der Luft schweben und sich dabei um ihre eigene Achse drehen. Als Erfinder des Hubschraubers gilt übrigens allgemein Leonardo da Vinci: Mit seiner Zeichnung einer Flugschraube aus dem Jahr 1483 legte er praktisch die Grundlage für das Hubschrauberfliegen. Deshalb ist die Flugschraube auch das Symbol des Hubschraubermuseums in Bückeburg – dem einzigen reinen Drehflüglermuseum in Deutschland. Und einem von nur drei Hubschraubermuseen weltweit! Die anderen beiden befinden sich in England und in den USA. Unter dem Motto „Technik erleben und verstehen – von der Emotion zur Information" werden hier auf 2500 Quadratmetern Ausstellungsfläche über 50 Objekte in Originalgröße gezeigt – von einrotorigen und mehrrotorigen Hubschraubern über Trag- und Flugschrauber bis hin zu zahlreichen Modellen. Die interaktive Ausstellung macht die fesselnde Welt des Vertikalflugs erleb- und verstehbar. Den Besuchern sollen die Technologie, die vielfältigen Einsatzmöglichkeiten und die damit verbundenen, spannenden Berufe wie Konstrukteur oder Pilot nähergebracht werden. Wer das Hubschraubermuseum in Bückeburg besucht, unternimmt zudem eine Reise durch das Hubschrauberzeitalter: vom ursprünglichen kurzen Luftsprung über den ersten erfolgreichen vertikalen Aufstieg bis zum heutigen Stand der Technik.

Das Museum ist aber längst nicht nur etwas für Technik-Fans, auch andere Besucher – und Kinder – haben hier ihren Spaß, z. B. wenn sie mal das Cockpit eines Hubschraubers betreten oder sich im Hubschrauber-Simulator selbst wie ein Pilot fühlen dürfen. Wer möchte, kann nach Voranmeldung bzw. vorheriger Absprache auch eine sachkundige Führung durchs Museum erhalten. Dafür stehen ehemalige Fluglehrer und Techniker des nahe gelegenen Internationalen Hubschrauberausbildungszentrums zur Verfügung – quasi Überflieger.

- Hubschraubermuseum Bückeburg, Sablé-Platz 6, 31675 Bückeburg, Tel. (0 57 22) 55 33, www.hubschraubermuseum.de
- ÖPNV: RE 60, RE 70, S 1, Bückeburg Bahnhof (ca. 8 Minuten Fußweg)

D-HAJY
D-9505
556

Essen mit Panorama

9 Restaurant & Lounge Monopol in Hameln

Der Klüt gehört als „Hausberg“ fest zum Stadtbild der Rattenfängerstadt Hameln. Seit dem Jahr 2022 ist das direkt neben dem Klütturm gelegene Restaurant & Lounge Monopol nun schon ein Teil davon – und überzeugt mit dem wohl schönsten Panoramablick auf Hameln. Von der Terrasse aus genießt man auf 260 Metern Höhe großartige Ausblicke auf die historische Altstadt sowie auf die sanften Kurven der Weser. Hier kann man es sich besonders an lauen Sommerabenden bei einem kühlen Getränk gut gehen lassen.

Das Restaurant & Lounge überzeugt aber auch mit seinem schicken Ambiente, seiner modernen Küche und seiner stilechten Barkultur. Die vielfältige Speisekarte umfasst neben verschiedenen Vorspeisen, Suppen und Salaten auch Pasta, Burger und Steaks. Vegetarier und Veganer werden hier auf jeden Fall auch fündig und für die kleinen Gäste gibt es sogar eine extra Kinderkarte. Darüber hinaus erhält man jeden Samstag und Sonntag beim reichhaltigen Frühstücksbuffet alles, was man für einen guten Start in den Tag braucht. Abgerundet wird das Angebot durch regelmäßig stattfindende Events, wie z. B. Krimi-, Magic- und Gruseldinner oder Burger- & Schnitzel-Buffets im Sommer. Im Event-Kalender auf der Webseite findet man alle anstehenden Events.

TIPP

Den hauseigenen Gin Mariposa mit seinem floralen Aroma probieren!

Die Getränkeauswahl ist ebenfalls umfangreich: Von alkoholfreien Getränken wie hausgemachten Eistees (als Night-Version auch mit Alkohol nach Wahl) und Heißgetränken über ein gutes Sortiment an Weinen bis hin zu Longdrinks ist hier alles vorhanden, was die durstige Seele begehrt. Besonders empfehlenswert sind die Cocktails, die mit viel fruchtiger Deko verziert werden, sowie der Monopol Exclusive (ein Aperitif aus Prosecco, geeisten Beeren, Cassis und Limettensaft). Darüber hinaus ist das Monopol auch eine beliebte Location für Feierlichkeiten aller Art, wie Hochzeiten, Familienfeiern, Abschlussbälle oder Konfirmationen. Für Tagungen stehen Seminarräume mit professioneller Ausstattung sowie Hotelzimmer für Übernachtungen zur Verfügung.

● Monopol – Restaurant & Lounge, Klütturm 1, 31787 Hameln
www.monopol-hameln.de

● ÖPNV: Bus 3, 4, 6, 28, 30, 35, 40, 520, Haltestelle Pflümerweg/Brückenkopf
(ca. 30 Minuten Fußweg)

Paradies für Oldtimer-Fans

10 Der PS.Speicher in Einbeck

Oldtimer-Fans und Technikbegeisterte sollten der Bier- und Fachwerkstadt Einbeck auf jeden Fall einen Besuch abstatten. Denn hier verbirgt sich die größte Oldtimersammlung Europas! Auf über 25.000 Quadratmetern Fläche an insgesamt fünf Standorten werden mehr als 2500 historische Fahrzeuge ausgestellt, egal ob mit zwei, drei oder vier Rädern. Die Exponate reichen von Fahrrädern und Motorrädern über Kleinwagen und Oldtimer bis hin zu LKWs und Bussen.

Der 2014 eröffnete PS.Speicher im denkmalgerecht sanierten, ehemaligen Einbecker Kornhaus beherbergt die Hauptausstellung. Auf sechs Stockwerken erleben die Besucher eine spannende Zeitreise durch die Geschichte der motorisierten Fortbewegung – von den Anfängen bis zu aktuellen Zukunftsvisionen wie der Elektromobilität. Dabei versteht sich der PS.Speicher aber nicht als klassisches Museum, sondern eher als Erlebnisausstellung. Es wird auch Wert darauf gelegt, das Lebensgefühl der jeweiligen Epochen zu vermitteln. So findet man hier etwa eine detailgetreu nachgestaltete Milchbar aus den 1950er-Jahren. Im Laufe der Jahre folgten schrittweise vier weitere PS.Depots im Stadtgebiet, die jeweils besondere thematische Schwerpunkte besitzen. Wer von den zwei- und vierrädrigen Fahrzeugen nicht genug bekommen kann, sollte deshalb auch noch die PS. Depots „LKW + Bus“, „Kleinwagen“, „Motorrad“ sowie „Automobil“ besuchen. Hier können sich die Besucher an Kleinwagen, Exponaten aus hundert Jahren Nutzfahrzeuggeschichte sowie zahlreichen Motorrädern und Automobilen erfreuen.

TIPP

Auf dem PS.Pfad kann man die Bier- und Fachwerkstadt Einbeck auf spannende und lehrreiche Art entdecken!

Vom Feuer der Motoren zum Feuer der Küche: Im Restaurant Genusswerkstatt im PS.Speicher ist Feuer ebenfalls unverzichtbar – denn Gegrilltes stellt die Basis der Küche dar. Da werden sich besonders Freunde von saftigen Steaks freuen. Neben saftigem Fleisch gibt es aber auch frischen Fisch und Gemüse sowie sogar ein komplett veganes Menü mit Aromen vom Grill.

- PS.Speicher, Tiedexer Tor 3, 37574 Einbeck, Tel. (0 55 61) 92 32 00 www.ps-speicher.de
- ÖPNV: RB 82, RB 86, RE 2, Einbeck-Salzderhelden Bahnhof; Bus 201, 202, 203, 230, 234, 235, 250, 252, 253, 254, 275, 540, Haltestelle Einbeck Mitte/ZOB (ca. 13 Minuten Fußweg)

SPEICHER

Brocken des Weserberglands

11 Der Köterberg bei Lügde

Vom 496 Meter hohen Köterberg, auf der Grenze der nordrheinwestfälischen Kreise Lippe und Höxter sowie dem niedersächsischen Kreis Holzminden, bieten sich tolle Rundumblicke ins Weserbergland – bei guten Sichtverhältnissen sogar bis zum Hermannsdenkmal im Teutoburger Wald oder bis zum 90 Kilometer (Luftlinie) entfernten Brocken im Harz. Mit dem imposanten 100 Meter hohen Fernmeldeturm, der für die Verbreitung von Radioprogrammen und den drahtlosen Telefonverkehr genutzt wird, ist der Köterberg bereits von Weitem zu sehen. Aufgrund seiner Höhe und seiner einmaligen Weitsicht wird der Köterberg auch manchmal als „Brocken des Weserberglands" bezeichnet. Oftmals hört man aber auch die scherzhafte Bezeichnung „Monte Wau-Wau". Allerdings hat der Name des Bergs in Wirklichkeit gar nichts mit Hunden zu tun – er leitet sich nämlich von dem Wort „Kötterberg" ab, was so viel wie „Grenzberg" bedeutet.

Von der Ortschaft Lügde-Köterberg aus kann der Berggipfel angefahren werden – dies ist vor allem an den Wochenenden im Sommer für Motorradfahrer ein besonderer Spaß, die sich hier gerne zum Fachsimpeln treffen. Doch keine Sorge: In der Ortschaft findet man eine Hinweistafel mit Bitte zur Rücksicht auf die Anwohner. Aber auch bei sportlich ambitionierten Radfahrern sowie Wanderern ist der Köterberg ein beliebtes Ziel. Auf ausgedehnten Wanderwegen kann man sich hier an der wald- und wildreichen Natur des Weserberglands erfreuen. Wer es geschafft hat und auf dem Gipfel angekommen ist, kann sich im sogenannten Köterberghaus stärken, dem wohl am höchsten gelegenen Gaststättengebäude im norddeutschen Raum. Die Wirtsfamilie Brand bewirtet ihre Gäste hier schon seit über 60 Jahren mit gutbürgerlicher Küche sowie heißem Kaffee und leckerem Kuchen. Wer eine außergewöhnliche Location für eine Feier sucht, ist hier ebenfalls richtig: Im Köterberghaus finden auch Gesellschaften bis zu 80 Personen Platz.

- Köterberg, Köterbergstraße 17, 32676 Lügde-Köterberg, Tel. (0 52 83) 6 59 (Gaststätte), www.koeterberg.de
- ÖPNV: Bus 761, 774, Haltestelle Lügde, Köterberg (ca. 20 Minuten Fußweg)

Panoramablick auf Hameln

12 Berg Klüt und Klütturm in der Rattenfängerstadt

Der 258 Meter hohe Klüt erhebt sich über dem Tal der Weser und gilt als Hausberg der Rattenfängerstadt Hameln. Der Berg und der tiefergelegene Bereich Finkenborn sind nicht nur bei Hamelnern ein beliebtes Naherholungs- und Ausflugsziel, sondern auch bei Touristen. Zudem ist der Klüt besonders bei Wanderern sehr gefragt: Wer gut zu Fuß ist, kann von Hameln eine mittelschwere Wanderung (ca. 1,5 Kilometer Aufstieg durch den Wald) zum Klütturm unternehmen. Wer hingegen nur einen kleinen Spaziergang machen möchte, parkt am Forsthaus Finkenborn und macht von dort aus einen entspannten Gang durch den Wald. Der ca. 600 Meter lange Philosophenweg verbindet Finkenborn und Klütturm und bietet einige interessante Informationen über Flora und Fauna. Aber auch allen, die nicht ganz so gut zu Fuß sind oder wenig Zeit haben, steht ein Ausflug zum Klütturm natürlich ebenfalls offen: Über den Finkenborn kann man auch komplett mit dem Auto zum Turm hochfahren.

TIPP
Den tollen Panoramablick auf Hameln mal bei Sonnenuntergang genießen!

Der Klütturm ist Teil einer im 18. Jahrhundert auf der Kuppe des Bergs errichteten Verteidigungsanlage, die unter dem Namen Fort George bekannt war. Im Jahr 1843 wurde der Aussichtsturm aus den Resten der Festung erbaut und trägt deshalb eigentlich offiziell den Namen Georgenturm. Im Jahr 1887 wurde er auf 23 Meter erhöht. Von Ostern bis Oktober kann man sich im daneben gelegenen Kiosk für aktuell 1 Euro den Schlüssel für den Turm aushändigen lassen und die 99 Stufen zur Aussichtsplattform erklimmen. Von dort aus wird man mit einem wunderbaren Panoramablick über Hameln, die sich dahin schlängelnde Weser und das Hamelner Umland belohnt. Aber auch bereits von der Kuppe des Bergs aus kann man schöne Ausblicke genießen – bei klaren Wetterverhältnissen sogar eine traumhafte Fernsicht auf das mittlere Weserbergland. Eine Hinweistafel erklärt den Besuchern, was sie von dort alles sehen können. Wer nach dem Aufstieg auf den Klütturm eine Stärkung braucht, der kann direkt nebenan im Restaurant Monopol einkehren!

- Klütturm, Klütturm 1, 31787 Hameln
- ÖPNV: Bus 3, 4, 6, 28, 30, 35, 40, 520, Haltestelle Pflümerweg/Brückenkopf (ca. 30 Minuten Fußweg)

UETZENBURG
WESERGEBIRGE
ROTENBERG
EHEM. STEINBRUCH PÖTZEN
FRANZOSENKOPF
SÜNTEL
DEISTER

Ein Meer im Binnenland

13 Das Steinhuder Meer bei Hannover

Eigentlich liegt es nicht mehr im Weserbergland, aber der Blick über den Tellerrand lohnt sich für den größten See Niedersachsens auf jeden Fall! Die Rede ist vom Steinhuder Meer, das sich ca. 30 Kilometer nordwestlich von Hannover befindet. Ein Meer im Binnenland? Ja, richtig gelesen. Die Erklärung findet sich in der norddeutschen Sprache: Dort wird das Wort „Meer“ nämlich nach seinem Ursprung verwendet (Mori = Sumpf/stehendes Gewässer) – weshalb viele Binnenseen in Norddeutschland Meer heißen.

Das Steinhuder Meer bildete sich bereits gegen Ende der letzten Eiszeit vor ungefähr 14.000 Jahren in einem Becken. Heute ist es ein überregionales Ausflugsziel und vor allem bei Wasserfreunden beliebt. Der rund 30 Quadratkilometer große See ist ein Bade-, Surf- und Segelparadies – und bietet so Urlaubsfeeling ganz in der Nähe der niedersächsischen Landeshauptstadt. Für Badefreunde ist die große, künstlich angelegte Badeinsel in Steinhude, die nur als Fußgänger oder Radfahrer über eine Brücke erreichbar ist, die erste Anlaufstelle. Wer das Steinhuder Meer hingegen lieber per Schiff erkunden möchte, kann sich entweder ein Ruder- oder Elektroboot mieten und selbst in See stechen oder eine Rundfahrt mit einem Fahrgastschiff machen. Der perfekte Ausflug während des Ausflugs: Mit einem sogenannten Auswandererboot (ein hölzernes Segelschiff) können Besucher zur ebenfalls künstlich angelegten Insel Wilhelmstein übersetzen. Früher befand sich dort eine Festung, heute gibt es auf der kleinen Insel ein Museum, das die Geschichte der Insel dokumentiert und historische Waffen ausstellt, sowie ein Restaurant und zwei gemütliche Gästehäuser.

Aber auch der an der Südseite gelegene Ort Steinhude, der sich von einem kleinen Fischer- und Weberdorf zu einem Touristenzentrum entwickelt hat, ist sehenswert. Hervorzuheben sind hier der maritime Ortskern, das Spielzeugmuseum, die Schmetterlingsfarm sowie das Scheunenviertel, das Cafés und Läden beherbergt.

TIPP

Wer gerne Fisch isst, sollte unbedingt die Steinhuder Spezialität Räucheraal probieren!

- Steinhuder Meer, 31515 Wunstorf/Steinhude
  www.steinhuder-meer.de
- ÖPNV: WFB RE 60, WFB RE 70, RE 1, RE 2, S 1, S 2, Wunstorf Bahnhof, weiter mit Bus 710, 711, 715, 835 bis nach Steinhude

Fantastische Märchen

14 Das Münchhausen-Museum in Bodenwerder

Viele kennen die Erzählungen des berühmten Lügenbarons Münchhausen, der sich mit viel Witz und Fantasie aus schwierigen Situationen rettet – und dabei z. B. auf einer Kanonenkugel reitet oder sein Pferd von einem Kirchturm befreit. Was viele aber nicht wissen: Es handelt sich dabei um eine reale Person des 18. Jahrhunderts. Hieronymus Carl Friedrich Freiherr von Münchhausen war ein Landadeliger, der sich freiwillig nach Russland begab, dort an den Russisch-Türkischen Kriegen teilnahm und zum Rittmeister ernannt wurde. Er kehrte aber wieder in seine Geburtsstadt Bodenwerder zurück, von wo aus er zu einem weit über die Region hinaus bekannten Erzähler wurde. Seine Abenteuer gehören bereits seit 1786 zur Weltliteratur und wurden seitdem in mehr als tausend Auflagen und Illustrationen veröffentlicht.

TIPP
An einer neuartigen digitalen Erzählwand kann man Münchhausen sogar persönlich beim Fabulieren erleben.

Seine Geburtsstadt – und sein langjähriger Wohnsitz – Bodenwerder liegt zwischen Hameln und Holzminden direkt an der Weser. Seit 2013 trägt sie den amtlichen Namenszusatz „Münchhausenstadt", denn die Geschichte des berühmten Lügenbarons ist hier allgegenwärtig. Das Münchhausen-Museum, das sich ganz der Geschichte des berühmten Fabulierers verschrieben hat, befindet sich direkt neben dem Geburtshaus des Lügenbarons (dem heutigen Rathaus) im ältesten Gebäude von Bodenwerder, der sogenannten Schulenburg. Das Museum präsentiert sich als Ort lebendiger Wissensvermittlung: Hier werden Objekte zur Lebensgeschichte Münchhausens, seiner Zeit in Bodenwerder sowie vielfältige künstlerische Darstellungsformen seiner Abenteuer gezeigt. Das Anliegen des Museums ist es, ein gerechtes Bild von Münchhausen als historische Person und als brillantem Geschichtenerzähler zu vermitteln. Deshalb wird seine Geschichte auch passend für verschiedene Alters- und Interessensgruppen aufbereitet und mit bedeutenden historischen Ereignissen aus seiner Lebenszeit verknüpft. Und an der ein oder anderen Stelle kann man sich ein Lächeln sicher nicht verkneifen.

- Münchhausen-Museum, Münchhausenplatz 1, 37691 Bodenwerder, Tel. (0 55 33) 40 91 47
www.muenchhausen-museum-bodenwerder.de
- ÖPNV: Bus 51, 520, 523, 524, 525, 528, Haltestelle Bodenwerder Im Hagen

Von den Bergen ans Meer

15 Der Weser-Radweg

Nicht nur zu Fuß, sondern auch per Rad kann man das Weserbergland bestens erkunden. Auf dem insgesamt rund 250 Kilometer langen Weser-Radweg begleitet man den Fluss von seiner Quelle in Hannoversch Münden bis hin zur Mündung in die Nordsee. Die Strecke umfasst 15 Tagesetappen und führt durch so unterschiedliche Regionen wie das Weserbergland, die Norddeutsche Tiefebene, das Cuxland sowie die Hansestadt Bremen und die Seestadt Bremerhaven. Der Weser-Radweg zählt deshalb zu den schönsten (Fluss-)Radwegen Deutschlands: Er wurde bereits mehrmals in der ADFC-Radreiseanalyse zum beliebtesten Radfernweg der Deutschen gekürt und wird zudem als Qualitätsradroute mit vier Sternen bewertet.

Der Weser-Radweg beginnt im Weserbergland an der Quelle der Weser, dem Zusammenfluss von Werra und Fulda, in Hannoversch Münden und führt an vielen historischen Fachwerkstädten sowie Burgen und Schlössern der Weserrenaissance vorbei. Bei Porta Westfalica durchbricht die Weser dann den Kamm des Wesergebirges und es geht in die weite, offene Landschaft der Norddeutschen Tiefebene über bis nach Bremen. Von dort aus geht es weiter in die Region Wesermarsch bis nach Nordenham, wo man die Weser-Fähre nach Bremerhaven nehmen kann. Die Hauptroute verläuft dann weiter durch das Cuxland bis nach Cuxhaven und trifft dort auf den Elberadweg.

Da der Weser-Radweg grundsätzlich nur moderate bis gar keine Steigungen und Gefälle aufweist, ist er auch für Einsteiger und Familien geeignet, die die aktive Erholung in der Natur suchen. Zudem verläuft der Weser-Radweg größtenteils beiderseits des Flusses. Man kann sich also aussuchen, ob man flussaufwärts oder -abwärts radelt. Der Weg ist generell sehr gut ausgeschildert und es gibt am gesamten Verlauf eine große Auswahl an Einkehr- und Übernachtungsmöglichkeiten wie Hotels, fahrradfreundliche Pensionen, Jugendherbergen und Campingplätze. So steht dem Radelspaß an der Weser entlang nichts mehr im Weg!

- Weser-Radweg Infozentrale, c/o Weserbergland Tourismus e. V., Deisterallee 1, 31785 Hameln, Tel. (0 51 51) 93 00 39
www.weserradweg-info.de

VELTINS
VELTINS
VELTINS
VELTINS

Himmlisch nächtigen

16 Das Schlosshotel Münchhausen in Aerzen

Das in den 1570ern zu einem Schloss umgebaute Rittergut Schwöbber zählt zu den bedeutendsten Bauten der Weserrenaissance. Im 18. und 19. Jahrhundert stellte es einen kulturellen Mittelpunkt der Region sowie ein beliebtes Ausflugsziel dar. Berühmt war es insbesondere für seine Gartenanlagen, die zu den frühesten englischen Gärten auf dem europäischen Festland gehörten. Sogar der russische Zar Peter I. stattete dem Schlosspark im Jahr 1716 einen Besuch ab, um die damals größte Pflanzensammlung Europas sowie die Orangerie mit ihrer Ananaskultur zu bestaunen. An diesen hohen Besuch erinnert heute noch ein Ananas-Denkmal.

Heute befindet sich im ehrwürdigen Gebäude das private Fünf-Sterne-Schlosshotel Münchhausen. Der Name verweist auf das Adelsgeschlecht Münchhausen, in dessen Besitz sich der Gebäudekomplex von ca. 1510 bis 1919 befand. Im Jahr 1570 ließ Hilmar von Münchhausen – ein Vorfahr des berühmten Lügenbarons – das damalige Rittergut zu einem Schloss umbauen. Über 400 Jahre später wurde das Schloss von Ursula und Friedrich Popken – den Inhabern der Modekette „Ulla Popken" – erworben, die es liebevoll sanieren und zu einem Hotel umbauen ließen. Bei dem Umbau wurde besonderes Augenmerk darauf gelegt, den ursprünglichen Charakter des Schlosses sowie den Stil der Renaissance zu erhalten. Seit der Eröffnung im Jahr 2004 finden hier Menschen mit Freude an schönen Dingen den perfekten Ort für eine Auszeit vom stressigen Alltag – entweder in den stilvoll eingerichteten Doppelzimmern und Suiten im alten Schlosskomplex, in den Doppelzimmern der ebenfalls neu hergerichteten Zehntscheune oder in der Ferienwohnung „Kleine Mühle" im Schlossgarten. Im Schlosshotel Münchhausen wird aber nicht nur auf hohem Niveau genächtigt, sondern auch gekocht, u. a. gibt es hier ein Gourmet-Restaurant mit erlesenen Speisen und Getränken. Abgerundet wird das Wohlfühlangebot durch einen Spa- und Wellnessbereich. Schlosshof und Renaissancegarten sind auch für Nicht-Hotelgäste frei zugänglich und laden zum Träumen ein.

TIPP

Golffreunde finden hier zwei direkt angrenzende 18-Loch-Golfplätze.

- Schlosshotel Münchhausen, Schwöbber 9, 31855 Aerzen, Tel. (0 51 54) 7 06 00
www.schlosshotel-muenchhausen.com
- ÖPNV: Bus 34, Haltestelle Aerzen-Schwöbber

Das deutsche Stonehenge

17 Die Externsteine in Horn-Bad Meinberg

Streng genommen nicht mehr im Weserbergland gelegen, sondern in unmittelbarer Nähe im Teutoburger Wald, zählen die Externsteine zu den bekanntesten Natur- und Kulturdenkmälern Deutschlands – weshalb sich hier ein Blick über den Tellerrand auf jeden Fall lohnt. Die markante, rund 40 Meter hoch aufragende Sandstein-Felsformation bei Horn-Bad Meinberg fasziniert die Menschen seit jeher. Deshalb verwundert es auch nicht, dass sich um die Steine zahlreiche Mythen, Legenden und Märchen ranken. So werden sie u. a. als germanisches Heiligtum gedeutet. Den aktuellen Stand der Forschungen können die Besucher im 2011 eröffneten Infozentrum erleben. Fest steht aber, dass sich zahlreiche Spuren menschlicher Aktivitäten an den Steinen finden lassen: Zu den bedeutendsten gehören das imposante Kreuzabnahmerelief, das von mittelalterlichen Steinmetzen in die Felsen geschlagen wurde, die Kuppelgrotte mit den Resten einer Petrusskulptur, das offene Felsengrab sowie die Höhenkammer. Wer war wohl damals hier? Was passierte an diesem Ort? Hier darf der Fantasie freien Lauf gelassen werden.

Entstanden sind die faszinierenden Externsteine übrigens schon vor über 80 Millionen Jahren bei einer Verschiebung der Erdkruste, wobei die Sandsteinschichten durch gewaltige Druckkräfte senkrecht aufgestellt wurden. Heute sind die Externsteine ein beliebtes Ziel für einen kleinen Abstecher, da sie touristisch sehr gut erschlossen sind. Von einem kostenpflichtigen Parkplatz erreicht man die Steine bereits nach einem schönen Spaziergang ca. 300 Meter durch den grünen Wald. Einige der Steine können auch bestiegen werden, für den Aufstieg wird ein kleines Eintrittsgeld erhoben. Von der Aussichtsplattform bieten sich in nördlicher bis östlicher Richtung traumhafte Ausblicke – bei gutem Wetter sogar bis zum weit entfernten Köterberg. Auch für das leibliche Wohl ist natürlich gesorgt: Direkt neben dem Infozentrum befindet sich die Gaststätte Felsenwirt, die besonderen Wert auf Familienfreundlichkeit legt.

- Externsteine, Externsteine Straße 35, 32805 Horn-Bad Meinberg
www.externsteine-info.de
- ÖPNV: Bus 782, Haltestelle Horn bzw. Externsteine; Bus 792, Haltestelle Parkplatz Externsteine (Wochenende, Sommersaison)

Tierisch wild

18 Das Wisentgehege in Springe

Ursprünglich 1928 gegründet, um das größte Säugetier Europas – das Wisent – vor dem Aussterben zu retten, hat sich das Wisentgehege in Springe im Laufe der Zeit zu einem Wildpark entwickelt. Heute finden hier über hundert, teils stark gefährdete Tierarten auf über 90 Hektar einen geschützten Lebensraum in natürlicher Umgebung: Neben den namensgebenden Wisenten leben im Wildpark auch Kleinraubtiere, Vögel, Wildkatzen, Braunbären, Wildschweine, Wölfe, Urwildpferde, Wild, Elche und Rentiere. Ein 6 Kilometer langer Rundwanderweg lädt dazu ein, die Tiere in großen, naturnahen Gehegen zu erleben.
Das Wisentgehege ist ein attraktives Ausflugsziel für die ganze Familie. Hier können Groß und Klein entspannte und spannende Stunden in der Natur verbringen. Das abwechslungsreiche Angebot umfasst u. a. öffentliche Fütterungen, bei denen man die unterschiedlichen Fressvorlieben der Tiere kennenlernen kann, sowie regelmäßige Tierpräsentationen. Im Falkenhof zeigen die gefiederten Bewohner z. B. bei einer Flugvorführung ihre spektakulären Einlagen. Ein besonderes Augenmerk wird auch auf die Rentiere und Wölfe gelegt. Wer sich traut und diese Tiere einmal hautnah erleben möchte, kann Tierpfleger auf Zeit werden, eine Erlebnis-Übernachtung im Rentiergehege oder eine Wolfserlebnisnacht mit Übernachtung buchen. Für die kleinen Besucher gibt es zudem einige Spielplätze, ein Streichelgehege, einen Pilzlehrwald sowie einen Barfußweg. Für das leibliche Wohl sorgt das Café Wild. Auf der großen Terrasse oder im Innenbereich gibt es nicht nur Wildspezialitäten, sondern auch andere leckere Klassiker – und einige vegetarische Gerichte.
Ein Hinweis: Aus Rücksicht auf die Tiere sollte man darauf achten, möglichst leise zu sein und die Wege in den Freigehegen nicht zu verlassen. Außerdem sind im Wisentgehege keine Hunde erlaubt. Die Tiere dürfen nicht gefüttert oder gestreichelt werden – außer natürlich im Streichelgehege. Daran werden die Besucher mit humorvollen Schildern wie „Auch neugierige Otter können beißen“ erinnert.

- Wisentgehege Springe, Wisentgehege 2, 31832 Springe, Tel. (0 50 41) 58 28
www.wisentgehege-springe.de
- ÖPNV: Bus 382, Haltestelle Wisentgehege; Bus 385, Haltestelle Wisentgehege/Abzweig (ca. 1 km Fußweg)

All Day Breakfast

19 Die Barista Coffee & Eatery in Hameln

Bereits der irische Schriftsteller Jonathan Swift wusste: „Die beste Methode, das Leben angenehm zu verbringen, ist, guten Kaffee zu trinken." Und nirgendwo geht das in Hameln besser als bei Die Barista. Direkt in der Hamelner Innenstadt (genauer gesagt in der Bäckerstraße in der Fußgängerzone) befindet sich die kleine, aber feine Kaffeebar, mit der sich der Inhaber Cemil Teke einen Traum erfüllt hat. In der Gastronomie aufgewachsen, hat er erst später seine Leidenschaft für Kaffee entdeckt – und sich die Kunst des Kaffeebrühens sogar teilweise selbst beigebracht. Seine Philosophie lautet: Kaffee auf höchstem Niveau in überraschender Vielfalt anbieten. Deshalb findet man in seiner Kaffeebar auch nur hochwertige Spezialitätenkaffees in kleinen Chargen mit höchstmöglicher Qualität.

Die Barista ist DER Treffpunkt für Kaffeeliebhaber in Hameln und eignet sich super für eine kleine Auszeit vom stressigen Alltag. Die kleine hippe Kaffeebar ist mit viel Liebe zum Detail gestaltet: Hier genießt man das schwarze Gold unter einer aus der Wand gemeißelten Weltkarte sowie unter einem Bild mit Hip-Hop-Legenden (Psst: Die Person in der Mitte des Bildes ist kein Rapper, sondern der Inhaber Cemil Teke höchstselbst). Im Sommer kann man von den Außenplätzen gut das Treiben in der Fußgängerzone beobachten. Durch die nette, offene Art des gesamten Teams fühlt man sich stets willkommen – egal, ob man drinnen oder draußen sitzt.

Serviert werden sämtliche Kaffeespezialitäten von Kaffee Crema über Cappuccino bis hin zu Flat White – sowohl warm als auch kalt als Frappés, und auf Wunsch mit unterschiedlichen Milchsorten. Und falls einen mal der kleine Hunger überfällt, ist dafür ebenfalls bestens vorgesorgt: Neben süßen Versuchungen wie Kuchen, Pancakes und Co. gibt es auch eine gute Auswahl an leckeren Frühstück- und Lunchspezialitäten wie z. B. Breakfast Burger, Salat Bowls oder Sandwiches. Eins ist allem gemein: Es wird mit viel Liebe und Fachwissen zubereitet – und das schmeckt man auch!

● Die Barista Coffee & Eatery, Bäckerstraße 39, 31785 Hameln, www.diebarista.cafe
● ÖPNV: Bus 1, 2, 5, 40, 91, 92, 96, 520, Haltestelle Hameln Münster; Bus 10, 15, 21, 40, 50, 51, 520, Haltestelle Mühlenstraße/Rattenfängerhalle

Über den Dächern der Stadt

20 Der Aussichtsturm Tillyschanze in Hann. Münden

Hoch über den Dächern der niedersächsischen Stadt Hannoversch Münden befindet sich auf einem landschaftlich markanten und historisch bedeutenden Bergvorsprung ein öffentlich zugänglicher, denkmalgeschützter Aussichtsturm. Die Tillyschanze, deren Name an die Belagerung und anschließende Einnahme der Stadt durch den Feldherrn Tilly im Dreißigjährigen Krieg erinnert, ist heute ein beliebtes Ausflugsziel, sowohl bei Einheimischen als auch Besuchern. Der ungefähr 30-minütige Aufstieg lohnt sich: Von hier aus genießt man eine bezaubernde Aussicht auf die Altstadt von Hannoversch Münden sowie den Zusammenfluss von Fulda und Werra zur Weser!

Der massive Steinturm, der im Inneren eine Wendeltreppe hat, wurde bereits in den Jahren 1881 bis 1885 errichtet. In einem zweistöckigen Anbau befinden sich zwei Turmzimmer: Das obere Zimmer beherbergt ein kleines Museum zur Turmgeschichte sowie ein Monumentalrelief des Bildhauers Gustav Eberlein, das die heldenhafte Verteidigung der Stadt gegen den Feldherrn Tilly zeigt. Im unteren Turmzimmer werden in den Sommermonaten standesamtliche Trauungen durchgeführt. In dieser idyllischen Umgebung einfach Romantik pur!

Der Turm und das Museum können gegen ein geringes Entgelt besichtigt werden – Tickets gibt es in der nur gut 20 Meter vom Turm entfernten Waldgaststätte, die nach der kleinen Wanderung zum Verweilen einlädt. Sie blickt ebenfalls auf eine lange Geschichte zurück: Bereits bei Baubeginn der Tillyschanze wurde für das benachbarte Grundstück eine Schankgenehmigung zur Verpflegung von Besuchern erteilt. Im Umfeld des Turms und der Gaststätte finden regelmäßig Veranstaltungen statt, z. B. ein Mittelalter- und Weihnachtsmarkt, die atmosphärisch etwas ganz Besonderes sind. Übrigens: Genau zwischen der Tillyschanze und der Waldgaststätte verläuft die Landesgrenze zwischen Hessen und Niedersachsen, sodass der Turm auf niedersächsischem Gebiet steht, während die Gaststätte zum hessischen Gutsbezirk Reinhardswald gehört. Schneller kommt man nicht in andere Bundesländer.

- Tillyschanze, Bierweg 1, 34346 Hann. Münden, Tel. (0 55 41) 18 90 (Waldgaststätte)
  www.tillyschanze.de
- ÖPNV: RB 83, RE 9, Hann. Münden Bahnhof (ca. 25 Minuten Fußweg)

Exquisite Gaumenfreuden

21 Das Restaurant Graf Everstein in Polle

jdfkgjlgkj<fglkjsdlksjdflkDer kleine Flecken Polle im Landkreis Holzminden ist nicht nur als Aschenputtels Heimat bekannt, sondern hier verbirgt sich eine der besten kulinarischen Adressen im Weserbergland, in der die Gaumen nach allen Regeln der Kochkunst verwöhnt werden. Ein Gaumenschmaus wie im Märchen. Das Restaurant Graf Everstein – dessen Name auf das Adelsgeschlecht Everstein zurückgeht, das die benachbarte Burg errichtete – weiß durch seine Lage mit Panoramablick auf die Weser, einem stilvollen Ambiente und natürlich leckerem Essen zu überzeugen. Dies beweisen auch zahlreiche Auszeichnungen in bekannten Restaurantführern wie dem Guide Michelin oder dem Gault-Millau, in denen das Graf Everstein bereits seit 1992 geführt wird. Exquisite Küche vom Feinsten!

TIPP

Ein Rundgang durch den Ort und ein Abstecher zur Burgruine Polle vor oder nach dem Essen lohnen sich!

Das Team um Küchenchef Uwe Multhoff arbeitet auf höchstem Niveau und serviert gehobene Küche mit regionalen und internationalen Einflüssen. Auf der Speisekarte stehen z. B. saisonale Wildgerichte oder Klassiker wie Schnitzel und diverse Fischgerichte. Als Vorspeise sollte man sich die sogenannten „Weserbergland Tapas" gönnen – eine Platte mit Aal, Räucherforelle und Ziegenkäse. Die Gerichte liegen zwar preislich etwas höher, aber dafür bekommen die Gäste hier frisches, qualitativ hochwertiges Essen, das mit handwerklicher Kunst zubereitet wurde. Abgerundet wird das kulinarische Angebot durch eine kleine, aber feine Weinkarte, deren Schwerpunkt auf deutschen, spanischen und französischen Tropfen liegt.

Das Restaurant bietet 50 Plätze im Innenbereich. In den warmen Sommermonaten können weitere 30 Plätze im Außenbereich belegt werden. Und der hat es in sich: Von der Terrasse aus können die Gäste einen tollen Panoramablick genießen. Die Weser plätschert fröhlich hier entlang und die weite Sicht auf das Weserbergland ist grandios. Wer leckeres Essen mit einem einzigartigen Blick ins Weserbergland genießen möchte, ist im Graf Everstein also genau richtig!

- Restaurant Graf Everstein, Amtsstraße 6, 37647 Polle, Tel. (0 55 35) 99 97 80
www.graf-everstein.de
- ÖPNV: Bus 520, 521, Haltestelle Polle Markstraße

Mondäne Bäderkultur

22 Der Kurpark in Bad Oeynhausen

1853 als Mittelpunkt des neu entstehenden Heilbads angelegt, dient der ca. 26 Hektar große Kurpark heute noch als Zentrum von Bad Oeynhausen – und als Ort der Ruhe, Entspannung und Erholung. Peter Josef Lenné, der sich mit der Gestaltung der königlichen Parkanlagen in Charlottenburg und Sanssouci einen Namen als bedeutendster Gartenbaumeister seiner Zeit machte, legte den Park im Stil eines englischen Landschaftsparks an. Im Laufe der Zeit gab es aber mehrere Umgestaltungen, z. B. in den 1950ern durch den bekannten Gartenarchitekten Hermann Mattern, wobei u. a. die geometrischen Blickachsen und Wege im Park entfernt wurden.

Neben der schönen Gartenanlage erwartet die Besucher im Kurpark von Bad Oeynhausen ein einzigartiges Ensemble an historischen Badegebäuden, die von einer glanzvollen Kur- und Bäderkultur zeugen. Das älteste erhaltene Bauwerk ist das klassizistische Badehaus I (1852–1857), das heute von verschiedenen Gesundheitsanbietern genutzt wird und von Interessierten besichtigt werden kann. Dem im Stil der Neorenaissance errichteten Badehaus II (1885), in dem sich heute ein Rehazentrum befindet, kann man ebenfalls einen Besuch abstatten.

TIPP
Ein Besuch des Jordansprudels sowie des Thermalbads Balitherme neben dem Kurpark.

Das Herzstück des Kurparks ist aber das Kurhaus, das sogenannte Kaiserpalais. Es wurde an der höchsten Stelle des Parks errichtet, um Bad Oeynhausen als Kurbad von Welt zu etablieren. Während seine imposante Fassade an barocke Schlossbauten erinnert, ist das Innere der Pariser Oper nachempfunden. Seit der Jahrtausendwende dient das Kaiserpalais dem GOP-Varieté als Bühne und verzaubert die Zuschauer mit seinen Shows voller Akrobatik, Magie und Comedy. Von der Kurhausterrasse bietet sich ein wunderbarer Ausblick über das Fontänenfeld sowie den Kurpark – und abends sind die vielen Wasserfontänen sogar noch beleuchtet. Eine weite Sichtachse mit einem großen Springbrunnen verbindet das Kaiserpalais mit der Wandelhalle (1926). In der Wandelhalle können die Besucher noch heute Sole kostenlos probieren – in Bad Oeynhausen ein anerkanntes Heilmittel.

- Kurpark Bad Oeynhausen, Im Kurpark, 32545 Bad Oeynhausen
- ÖPNV: RE 6 (RRX), RE 60, RE 70, RE 78, Bad Oeynhausen Bahnhof; Bus 430, 438, 458, 461, 613, 614, B 01, B 02, B 03, B 04, B 05, B 06, B 07, Haltestelle ZOB Bad Oeynhausen

Immer den Fässern nach

23 Der Bierpfad in Einbeck

Die südniedersächsische Stadt Einbeck dürfte vor allem Bierliebhabern als Heimat des Bockbiers ein Begriff sein, ein Starkbier mit einer Stammwürze von mindestens 16 Prozent, das hier vor über 600 Jahren erfunden und in weite Teile Mittel- und Nordeuropas exportiert wurde. Schon Martin Luther lobte 1521 auf dem Reichstag zu Worms: „Der beste Trank, den einer kennt, der wird Einbecker Bier genannt." Im Jahr 1616 gab es hier sage und schreibe 723 brauberechtigte Häuser – und auch heute noch werden in der bekannten Einbecker Brauerei im Stadtzentrum verschiedene Bockbiere gebraut. Deshalb ist die ehemalige Hansestadt weit über ihre Grenzen hinaus als Bierstadt bekannt. Heute findet man in der Altstadt immer noch Zeugnisse vom ehemaligen Reichtum durch den Bierhandel. Auf dem sogenannten Bierpfad, einem 2,5 Kilometer langen Stadtrundgang innerhalb der alten Wallanlagen, können Besucher auf eigene Faust den aufgesprühten Fässern auf dem Boden folgen und in die jahrhundertealte Stadt- und Biergeschichte Einbecks eintauchen. Entlang des Pfads bieten Bierfässer mit integrierten Erläuterungstafeln viele interessante Informationen in Wort und Bild rund um die Einbecker Bierhistorie. Wer möchte, kann sich zudem in der Tourist-Information einen kostenlosen zweisprachigen Flyer (in Deutsch und Englisch) über den Bierpfad besorgen. Aber auch über ihre Bierhistorie hinaus ist die Stadt Einbeck ein reizvolles Ausflugsziel: Mit ihren engen Gassen und alten Fachwerkbauten verströmt sie ein einzigartiges mittelalterliches Ambiente. Eine gute Alternative, um die Bier- und Fachwerkstadt auf einem spannenden Rundgang kennenzulernen, ist der sogenannte PS.Pfad. Auf der seit 2015 existierenden Route zwischen dem Bahnhof und dem PS.Speicher stehen zahlreiche Edelstahlschilder, die allerlei Wissenswertes rund um Fachwerk, Bier und weitere für Einbeck typische Themen vermitteln.

- Tourist-Information Einbeck, Marktstraße 13, 37574 Einbeck, Tel. (0 55 61) 91 65 55
  www.einbeck-tourismus.de
- ÖPNV: RB 82, RB 86, RE 2, Einbeck-Salzderhelden Bahnhof; Bus 201, 202, 203, 230, 234, 235, 250, 252, 253, 254, 275, 540, Haltestelle Einbeck Mitte/ZOB (ca. 9 Minuten Fußweg)

FOTO GUTBROD

Auszeit am Weserstrand

24

Lohmeyer's Beachbar in Minden

Der Weserstrand in Minden, der direkt am rechten Weserufer am großen Fest- und Parkplatz Kanzlers Weide liegt und von der Innenstadt aus über eine Fußgängerbrücke gut zu erreichen ist, gilt bei den Einheimischen schon länger als beliebtes Naherholungsgebiet. Aber auch für Nicht-Mindener lohnt sich ein Besuch des Weserstrands mit angrenzender Beachbar. Besonders in den Sommermonaten. Hier lässt es sich an heißen Sommertagen mit einem leckeren kalten Getränk in der Hand und den Füßen im Sand richtig gut entspannen – schöne Ausblicke auf die Weser sowie die vorbeifahrenden Ausflugsschiffe und kleineren Boote inklusive. So geht Urlaub zu Hause.

Für diejenigen, die noch eine zusätzliche Abkühlung möchten, gibt es auch einen kleinen abgetrennten Bereich der Weser zum Schwimmen. Der Verein Weserfreunde machte mit viel Sand und noch mehr Leidenschaft aus dem Flussufer eine Sommeroase. Wer es etwas sportlicher mag, der findet direkt neben dem Strand ein Beachvolleyball-Feld sowie einen Discgolf-Parcours auf Kanzlers Weide. Discgolf ist eine lustige Wurfsportart, bei der man von einem festgelegten Punkt aus mit möglichst wenigen Würfen Körbe mit Frisbeescheiben treffen soll. Alle anderen, die es gemütlicher angehen, dösen unter Palmen in den Liegestühlen, halten die Füße ins Wasser und genießen das bunte Treiben.

Für das leibliche Wohl sorgt die in Minden und Umgebung bekannte Schaustellerfamilie Lohmeyer, die in der kleinen Beachbar kühle Drinks, Cocktails, Kaffee, Kuchen, Pommes und Bratwurst serviert. Einziger Wermutstropfen: Die Beachbar steht leider nicht das ganze Jahr offen, sondern nur temporär in den Sommermonaten, da das rechte Weserufer ein ausgewiesenes Hochwassergebiet ist. Da heißt es: In der Saison so oft wie möglich vorbeischauen!

- Lohmeyer's Beach Bar, Kanzlers Weide, 32423 Minden
- ÖPNV: Bus 6, 7, 10, 14, 15, 509, 510, Haltestelle Kaiserstraße (ca. 5 Min. Fußweg)

Die Biker-Burg

25 Die Tonenburg in Höxter-Albaxen

Ursprünglich als mittelalterliche Verteidigungsanlage über dem Weserufer erbaut, ist die Tonenburg nun schon seit 1998 ein beliebter Treffpunkt für Motorradfahrer aus ganz Deutschland und Europa – sowohl als Hotel als auch als Gastronomie. Aber nicht nur Biker, sondern auch andere Urlauber, wie z. B. Rad- und Kanufahrer schätzen das einzigartige historische Umfeld der 700 Jahre alten Burganlage sowie die ungezwungene, familiäre Biker-Atmosphäre. Hier kommt man garantiert schnell ins Gespräch! Zur Beliebtheit der Tonenburg trägt auch ihre gute Verkehrsanbindung bei: Sie liegt in der Nähe des ostwestfälischen Dorfs Albaxen im Kreis Höxter direkt an der Bundesstraße B64 sowie am Weser-Radweg.

Viele machen hier nur einen kurzen Zwischenstopp, einige bleiben aber auch länger – was nur zu empfehlen ist – und nutzen die Tonenburg als Ausgangspunkt für Tagesausflüge ins Weserbergland, z. B. zum in Sichtweite gelegenen UNESCO-Weltkulturerbe Schloss Corvey oder zum Köterberg, dem „Brocken des Weserberglands“, der ebenfalls einen beliebten Treffpunkt für Biker darstellt. Für Übernachtungen stehen den Gästen 32 Zimmer in der Burg – meist mit wunderschönem Blick auf die Weser –, ein Bettenlager sowie eine Zeltwiese zur Verfügung. Dies ist auch ideal für größere Gruppen und (Motorrad-)Clubs. Für das leibliche Wohl ist hier ebenfalls gesorgt: In der Alten Brennerei befindet sich ein Restaurant mit Terrassenbetrieb, von dem aus man im Sommer ideal die Ankünfte und Abfahrten der Biker beobachten kann. Hier werden die Gäste mit frischer Küche à la carte verwöhnt. Wer es hingegen etwas rustikaler mag, kann im Imbiss Am Ackerhaus eine hausgemachte Currywurst genießen. An den Wochenenden ist das Ackerhaus tagsüber ein Biker-Treff mit Imbissbetrieb, und abends finden hier im Scheunensaal regelmäßig Konzerte und stimmungsvolle Partys statt.

TIPP

Die Tonenburg ist auch eine beliebte Location für Familienfeiern, Gruppen- und Firmenveranstaltungen.

- Tonenburg, Thonenburg 1, 37671 Höxter-Albaxen, Tel. (0 52 71) 92 11 82
  www.tonenburg.de
- ÖPNV: Bus R 21, 588, Haltestelle Hx-Albaxen, Friedhof (ca. 8 Minuten Fußweg)

Ackerhaus
BMW
Außer
Haus
Verkauf
50 Meter

Über dem Tor zu Westfalen

26

Das Kaiser-Wilhelm-Denkmal in Porta Westfalica

Egal ob von Straße, Schiene oder Fluss – durch seine herausragende geografische Lage und seine Höhe ist das Kaiser-Wilhelm-Denkmal in Porta Westfalica schon von Weitem sichtbar. Wo sich die Weser ihren Weg zwischen dem Wiehengebirge im Westen und dem Wesergebirge im Osten bahnt, wacht ein Standbild des Kaisers über dem „Tor zu Westfalen". Es kann auf eine interessante Historie zurückblicken: Nach dem Tod von Wilhelm I. wurden an vielen Orten in Preußen Denkmäler in Auftrag gegeben, u. a. auch am markanten Weserdurchbruch in Porta Westfalica. Von 1892 bis 1896 durch die preußische Provinz Westfalen erbaut und feierlich eingeweiht durch seinen Enkel Wilhelm II., reiht sich das Kaiser-Wilhelm-Denkmal in die Liste der deutschen Nationaldenkmale ein. Mit seiner Pracht von 88 Metern Höhe ist es sogar – nach dem Völkerschlachtdenkmal in Leipzig – das zweitgrößte Denkmal in Deutschland. Und deshalb unbedingt einen Besuch wert! Das Kaiser-Wilhelm-Denkmal stellt heute ein beliebtes Ausflugsziel dar, das weit über die Region hinaus bekannt ist und ganzjährig kostenfrei besucht werden kann. Von einem nahe gelegenen Besucherparkplatz führt ein kurzer Spaziergang zum Denkmal, sodass auch Personen, die weniger gut zu Fuß sind, es gut erreichen können. Seit der Restaurierung von 2013 bis 2018 gibt es ein neues Besucherkonzept: In die Ringterrasse des Denkmals wurden ein Informationszentrum sowie ein Panoramarestaurant gebaut. Im Infozentrum wird der historische Hintergrund des Denkmals in einer spannenden, multimedialen Ausstellung erzählt, im Restaurant genießt man in stilvollem Ambiente leckere Speisen. Von der Außenterrasse des Restaurants bieten sich besonders im Sommer tolle Aussichten auf die Weser, die Wälder des Weserberglands, die Norddeutsche Tiefebene sowie den gegenüberliegenden Fernsehturm. Alleine für diese kaiserlichen Ausblicke lohnt sich ein Ausflug hierher!

TIPP

Am Besucherparkplatz erhält man auch Erfrischungen und Snacks für den kleinen Hunger.

- Kaiser-Wilhelm-Denkmal, Kaiserstraße 15, 32457 Porta Westfalica
  www.kaiser-wilhelm-porta.de
- ÖPNV: RE 6 (RRX), RE 60, RE 70, RE 78, Porta Westfalica Bahnhof, weiter mit Shuttlebus Kaiser Wilhelm 518

Spannende Entdeckungsreise

27

Das Museum im Schloss Bad Pyrmont

Hinter den altehrwürdigen Mauern des Bad Pyrmonter Schlosses, das einst als (Sommer-)Residenz der Grafen von Spiegelberg sowie der Grafen von Waldeck und Pyrmont diente, können sich die Besucher heute auf eine spannende Entdeckungsreise durch die Stadtgeschichte der Kurstadt begeben. Das Schloss beherbergt nämlich ein Museum, das sich als Ausstellungsort für Historisches und Modernes aus Gesellschaft, Kunst und Kultur präsentiert. In der Dauerausstellung lässt sich die Entwicklung des Kur- und Badeorts hautnah miterleben. Dabei wird vor allem an die über 2000 Jahre alte Geschichte der Pyrmonter Heilquellen erinnert, aber auch an berühmte Kurgäste – zu denen u. a. Friedrich der Große, Benjamin Franklin und Johann Wolfgang von Goethe zählten. Darüber hinaus finden in den ehemaligen fürstlichen Prunkräumen in der Beletage regelmäßig interessante Sonderausstellungen statt, durch die sich das Museum auch über die Region hinaus einen Namen gemacht hat.

TIPP

Auf den Wällen der Anlage hat man einen tollen Ausblick auf den benachbarten Kurpark und Palmengarten!

Das Schloss selbst, das Teil der massiven Festung Pyrmont aus dem 16. Jahrhundert ist, kann auf eine wechselvolle Geschichte zurückblicken: Ursprünglich zwischen 1557 und 1562 vom Spiegelberger Grafen als repräsentatives dreigeschossiges Schloss im Stil der Weserrenaissance errichtet, wurde es im Dreißigjährigen Krieg so stark beschädigt, dass es zu Beginn des 18. Jahrhunderts abgetragen werden musste. Auf den Fundamenten ließ Graf Anton Ulrich von Waldeck und Pyrmont zwischen 1706 und 1710 dann ein barockes Schlossgebäude errichten, das er als Sommerresidenz nutzte. Im Jahr 1956 erwarb das Land Niedersachsen die Festung und das Schloss von der fürstlichen Familie zu Waldeck und Pyrmont und ließ sie umfangreich sanieren. Und das mit Erfolg: Heute gilt die Anlage als kulturelles Zentrum von Bad Pyrmont. Neben dem Museum im Schloss gibt es im Kommandantenhaus noch ein gemütliches Schlosscafé, das nach dem Besuch des Museums zu einer Pause einlädt.

- Museum im Schloss Bad Pyrmont, Schloßstraße 13, 31812 Bad Pyrmont, Tel. (0 52 81) 60 67 71, www.museumpyrmont.de
- ÖPNV: S 5, Bad Pyrmont Bahnhof; Bus 30, 61, 700, Haltestelle Bad Pyrmont Emmerstraße

Der Sage auf der Spur

28 Die Rattensteine in Hameln

Hameln, die inoffizielle Hauptstadt des Weserberglands, ist weltweit als Rattenfängerstadt bekannt und lockt jährlich Tausende von Besuchern an. Die Sage vom Rattenfänger aus dem Jahr 1284, wie er die Stadt durch magische Flötentöne von der Rattenplage befreite, ist nicht nur eine der bekanntesten deutschen Sagen, sondern auch weltweit sehr beliebt. Sie wurde in über 30 Sprachen übersetzt und ist selbst in fernen Ländern wie Japan oder den USA Schulstoff.
In Hameln begegnet man den kleinen Nagetieren überall: Ob als Brotratte (ein beliebtes, steinhart gebackenes Souvenir aus Salzteig), hoch oben auf der Brücke zur Werderinsel als Statue thronend oder in Bronze gegossen auf dem Boden der Fußgängerzone. Quer durch die historische Altstadt zieht sich die Spur der Ratten, die sogenannten Rattensteine. Auf einer Art Rundwanderweg weisen sie Besuchern den Weg und führen sie an den wichtigsten Bauten und Sehenswürdigkeiten, wie z. B. dem Hochzeitshaus oder der Marktkirche, vorbei. Früher waren sie nur mit Farbe auf die Steine gesprüht, im Zuge der Sanierung der Fußgängerzone von 2011 bis 2013 wurden sie jedoch durch einzelne, glänzende Bronzeplatten ausgetauscht. Heute sind sie ein beliebtes Fotomotiv und sorgen immer wieder für Schmunzeln.
Wenn man den Ratten folgt, entdeckt man die architektonische Vielfalt der Weserrenaissance. Denn Hameln gilt als Hauptstadt dieser bekannten europäischen Architekturepoche, die sich hier als lokale Variante durchgesetzt hat. Sie zeichnet sich durch reich verzierte Schaufassaden mit Schmuckleisten aus, die Inschriften, Wappen und Masken zieren, meist aus Wesersandstein. Der Stil ist zwar im gesamten Weserbergland anzutreffen (das Highlight der Region stellt die Hämelschenburg dar), aber besonders das Stadtbild von Hameln ist davon geprägt. In der Altstadt findet man viele prachtvolle Fachwerk- und Steinhäuser aus der Zeit der Weserrenaissance, wie z. B. das Hochzeits- oder das Rattenfängerhaus. Es gibt sogar extra Stadtführungen zu diesem Thema, bei denen die Teilnehmer in diese Zeit zurückversetzt werden.

- Tourist-Information Hameln, Deisterallee 1, 31785 Hameln, Tel. (0 51 51) 95 78 23 www.hameln.de
- ÖPNV: Diverse Busse, Haltestelle Bürgergarten

Märchenhafte Erholung

29 Die Weser-Therme in Bad Karlshafen

Direkt an der Kurpromenade in Bad Karlshafen liegt die Weser-Therme mit ihrer rund 2000 Quadratmeter großen Bade- und Saunawelt. Die Therme wird von einer eigenen Solequelle gespeist, die einen Solegehalt von 23 Prozent sowie einen hohen Anteil an Mineralien und Spurenelementen enthält. Das wirkt sich positiv auf die Gesundheit aus. In der Weser-Therme können sich die Besucher also nicht nur im warmen Solewasser entspannen, sondern sie können sich auch „gesund baden". Der Innenbereich der Weser-Therme ist mediterran gestaltet und verfügt über mehrere Becken mit einem Solegehalt von 1,5–5 Prozent und angenehmen Wassertemperaturen von 33–36 Grad. Zahlreiche Massagedüsen und -duschen verstärken die wohltuende Wirkung des Solewassers. Das Highlight ist aber die Edelsteingrotte, ein mit Bergkristallen, Amethysten und Rosenquarzen besetzter Ruheraum, der zum Entspannen in bequemen Liegesesseln einlädt. Im Außenbereich können sich die Besucher dank des hohen Solegehalts von 12 Prozent hingegen wie im Toten Meer fühlen. Der große Thermengarten direkt an der Weser lädt besonders in den Sommermonaten dazu ein, die Sonne zu genießen. Das Saunaland verfügt über eine große Auswahl an Saunen und bietet täglich bis zu 15 verschiedene Aufgüsse. Die Krönung ist das auf der Weser vertäute Saunaschiff: Hier können die Gäste unter dem sanften Schaukeln der Wellen mal auf eine ganz besondere Art und Weise saunieren. Weitere Höhepunkte sind ein osmanischer Hamam mit einem heißen Stein in der Mitte sowie eine Schneehöhle, in der man sich nach den Saunagängen mit Kunstschnee abkühlen kann.
Um den Verwöhntag perfekt abzurunden, kann man den Massage- und Kosmetikbereich im ersten Stock besuchen und sich dort eine Wellnessmassage, eine kosmetische Anwendung oder ein exklusives Bad gönnen. Und was darf bei einem perfekten Wellnesstag natürlich ebenfalls nicht fehlen? Genau, gutes Essen! Sowohl in der Therme als auch im Saunaland werden die Gaumen der Besucher deshalb mit frischen Salaten, Wellnessgerichten sowie täglich wechselnden Angeboten verwöhnt.

- Weser-Therme, Kurpromenade 1, 34385 Bad Karlshafen, Tel. (0 56 72) 9 21 10
www.weserherme.de
- ÖPNV: RB 85, Bad Karlshafen Bahnhof (ca. 12 Minuten Fußweg)

Ein Stück Geschichte

30 Der Hamelner Bismarckturm

Im Jahr 1898 rief die deutsche Studentenschaft das deutsche Volk dazu auf, im gesamten Reichsgebiet hohe Türme und große Säulen zu Ehren des gerade verstorbenen ehemaligen Reichskanzlers Otto von Bismarck zu errichten. Im Zuge dieses Aufrufs – bei dem insgesamt über 200 solcher Türme errichtet wurden – entstand auch der 13,5 Meter hohe Bismarckturm am Basberg in Hameln. Der vom Architekten Wilhelm Kreis entworfene Turm aus Wesersandstein wurde 1910 eingeweiht und dient seither, damals wie heute, als beliebtes Ausflugsziel. Zwar ist ein Aufstieg in den Turm aktuell nicht mehr möglich, aber hier begegnet den Besuchern ein großes Stück Geschichte, was bei dem ein oder anderen für nostalgische Gefühle sorgen dürfte. Wie alle Bismarcktürme zeichnet sich auch der Hamelner Turm durch einen einprägsamen, quadratischen Grundriss aus. Aus dem einfach gehaltenen Sockel ragen vier runde Ecksäulen in die Höhe. In der Turmspitze befindet sich eine alte Feuerschale – diese wurde früher an bedeutenden Jahrestagen symbolisch befeuert. Zudem ist der Bismarckturm in Hameln auch aufgrund seiner idyllischen Lage ein lohnenswerter Glücksort! Hohe Bäume umranden den Bismarckturm und bilden im Sommer ein sehenswertes Ensemble.

TIPP

Den Besuch des Bismarckturms unbedingt mit einem Abstecher in Hamelns wunderschöne Altstadt verbinden!

Wer sich zum Bismarckturm aufmacht, kann der historischen Straße Knabenburg direkt bis zum Turm folgen. Noch schöner ist es allerdings, das Auto an einem kleinen Teich am Fuß des Basbergs zu parken und den Rest gemütlich zu Fuß zu gehen. Wer gut zu Fuß ist, kann einen kleinen, steilen Pfad nehmen, der durch den Wald direkt nach oben zum Turm führt – oder einfach dem Straßenverlauf folgen. Oben angekommen, wird man mit viel Ruhe und grüner Natur belohnt. Allein schon der Waldspaziergang bis zum Turm lohnt sich! Außerdem kann man den Ausflug zum Bismarckturm mit einer kleinen Tour rund um den Teich verbinden, wo mehrere Bänke zum Verweilen einladen. Natur pur!

- Bismarckturm, Bismarckturm 1, 31787 Hameln
- ÖPNV: Bus 4, 22, 28, Haltestelle Schulzentrum Nord

Junges Leben, alte Mauern

31

Das Kloster Möllenbeck in Rinteln

Die beiden Türme des in den Weserauen bei Rinteln gelegenen Klosters Möllenbeck sind bereits von Weitem sichtbar. Im Jahr 896 von Gräfin Hildburg gestiftet und von Kaiser Arnulf als Benediktinerkloster bestätigt, gilt das Kloster Möllenbeck heute als einzigartiges mittelalterliches Baudenkmal im Weserbergland – und als eine der besterhaltenen spätmittelalterlichen Klosteranlagen in ganz Deutschland!
Außerdem gehört das Kloster Möllenbeck zu den ältesten Abteien im Wesertal, obwohl von der ursprünglichen Anlage nur noch die ottonischen Rundtürme und die Krypta erhalten sind; die übrigen Gebäude wurden erst zwischen 1478 und 1505 wieder aufgebaut. Die imposante Klosteranlage kann auf eine wechselvolle Geschichte voller Brände, Kriege, Reformation und Entweihung zurückblicken. Auch die Art der Nutzung unterschied sich im Laufe der Jahrhunderte: von einem Kloster über ein weltliches Kanonikastift mit einer Lateinschule und einer Staatsdomäne bis hin zu einem Strohschober nach den Napoleonischen Kriegen. So viele Epochen sind hier schon vorübergegangen – das lässt den Betrachter der immer noch festen Mauern andächtig innehalten. Heute ist das Kloster im Besitz der evangelisch-reformierten Kirchengemeinde Rinteln, die es für den Sonntagsgottesdienst und die Gemeindearbeit nutzt. Darüber hinaus befindet sich hinter den dicken Klostermauern seit einigen Jahren ein Jugendfreizeitheim. Deshalb kann das Kloster meist nur von außen besichtigt werden; es gibt aber regelmäßig öffentliche Führungen. Einmal im Jahr findet hier zudem eine ganz besondere Musikveranstaltung statt: das Irish Folk Festival. Direkt neben den denkmalgeschützten Klostergebäuden liegt die Domäne Möllenbeck mit dem 2018 eröffneten Hotel und dem Café Hofgarten. Dort lassen sich leckere hausgemachte Kuchen, herzhafte Brotzeiten und Flammkuchen sowie kühle Getränke genießen – im Sommer im Biergarten, bei nasser oder kühler Witterung in der Alten Schmiede.

TIPP

Hier gibt es auch einen großzügig angelegten Spielplatz sowie einen Boule-Platz.

- Kloster Möllenbeck, Am Kloster 1, 31737 Rinteln, Tel. (0 57 51) 9 93 51 00
www.domaene-moellenbeck.de
- ÖPNV: RB 77, Rinteln Bahnhof; Bus 730, Haltestelle Ri-Möllenbeck, Schule

Auszeit im Wald

32 Sennhütte und Spelunkenturm in Bad Pyrmont

Egal zu welcher Jahreszeit – ein Spaziergang im Wald ist immer eine wunderbare Möglichkeit zur Entspannung. Beim sogenannten Waldbaden kann man die Ruhe der Natur genießen und dem Rauschen der Blätter und dem Gezwitscher der Vögel lauschen. So kann man seinem Geist mal eine Pause gönnen und den stressigen Alltag hinter sich lassen. Das Berggasthaus Sennhütte, das abgelegen im Wald oberhalb der Stadt Bad Pyrmont liegt, bietet dafür mit 3000 Quadratmetern Waldgartenfläche viel Raum.

Das Lokal ist über ein gut ausgeschildertes Wandernetz erreichbar und deshalb vor allem bei Wanderern sehr beliebt. Aber auch mit dem Auto ist die Sennhütte über den Grenzweg gut zu erreichen. Im Sommer lädt ein charmanter Biergarten mit einigen Sitzgelegenheiten im Schatten der hohen Bäume zum Verweilen ein, im Winter locken hingegen eine urige Gaststube, die nach Tiroler Vorbild gestaltet wurde, sowie ein kuschliges Kaminzimmer. Kulinarisch hat die Sennhütte ebenfalls einiges zu bieten: Von einem umfangreichen Frühstücksbuffet mit Tiroler und Südtiroler Spezialitäten über Schmankerl aus diesen Regionen zum Mittagessen bis hin zu Kaffee und Kuchen nach Omas Rezept. Wer möchte, kann zudem den Wald-Wintergarten für eine Familienfeier mieten und ein besonderes Frühstück genießen. Hier finden bis zu 25 Personen Platz.

Ein Besuch der Sennhütte lässt sich auch gut mit einem weiteren Wander-Highlight in Bad Pyrmont verbinden: Auf dem 308 Meter hohen Bomberg in der Nähe befindet sich nämlich der Spelunkenturm, ein insgesamt 27 Meter hoher, denkmalgeschützter Aussichtsturm, der bereits 1896 von der Pyrmonter Spelunkengesellschaft errichtet und eingeweiht wurde. Die Kuppel mit dem Ankerkreuz der Stahlfachwerkkonstruktion ragt weithin sichtbar aus den Baumwipfeln hervor und lockt Wanderer zum Spelunkenturm. Von der Kuppel genießt man bei klarem Wetter eine tolle Fernsicht über das Emmertal bis hin zum Köterberg, dem „Brocken des Weserberglands“.

- Sennhütte, Burgwaldhof 1, 31812 Bad Pyrmont, Tel. (0 52 81) 9 89 49 33
  www.sennhuette-pyrmont.de
- ÖPNV: S 5, Bad Pyrmont Bahnhof; Bus 63, Haltestelle Ockelstraße
  (ca. 30 Minuten Fußweg)

Wie in Grimms Märchen

33

Das Dornröschenschloss Sababurg in Hofgeismar

An der Deutschen Märchenstraße im sagenumwobenen nordhessischen Reinhardswald liegt die Sababurg, die im Volksmund auch als Dornröschenschloss bekannt ist. Sie stellt einen beliebten Anziehungspunkt für Märchenfans und Kulturinteressierte aus Nah und Fern dar. Ihr Ruf als Dornröschenschloss hat folgenden Hintergrund: Nachdem die Burg ursprünglich zum Schutz der Pilger des nahe gelegenen Wallfahrtsorts Gottsbüren errichtet und danach zu einem Jagdschloss umfunktioniert wurde, besetzten im Dreißigjährigen Krieg katholische Truppen durch Feldmarschall Tilly die Burg und beschädigten sie stark. Danach verfiel die Anlage in einen wildromantisch verwachsenen Zustand, sodass das Volk in ihr den Ort sah, an dem sich das Märchen „Dornröschen" der Gebrüder Grimm zugetragen hat. Genau wie im Grimmschen Märchen soll die Burg sogar von einer 5 Kilometer langen und 3 Meter hohen Dornenhecke umgeben gewesen sein – allerdings diente diese nur dazu, die eigenen Tiere vor Wildtieren zu schützen.

TIPP

Weitere Sehenswürdigkeiten in der unmittelbaren Umgebung wie den Tierpark und den Urwald besichtigen!

Heute ist die Anlage zweigeteilt: Ein Teil wurde restauriert und beherbergt seit 1960 ein Hotel der gehobenen Klasse mit einem Restaurant; der andere Teil bleibt ungenutzt und stellt somit einen verwunschenen Gegensatz zum Hotelbetrieb dar. Die Sababurg bietet zudem ein romantisches Ambiente für Hochzeiten: 1987 entstand hier sogar das deutschlandweit erste standesamtliche Trauzimmer außerhalb eines Rathauses, 2002 kam dann ein zweites, größeres Trauzimmer hinzu. Wer will nicht wie Prinzessin und Prinz auf einem Schloss heiraten?

Auch wenn das Hotel gerade umfangreich saniert wird, können die Außenanlagen mit dem historischen Burggarten, dem Rosengarten und dem Palas weiterhin besichtigt werden. Sonntags – sowie an ausgewählten Feiertagen – finden in der Palas-Ruine sogar Aufführungen von „Dornröschen" in Kurzform statt. Besucher der Sababurg können sich also trotzdem auf märchenhafte Augenblicke freuen.

- Sababurg, 34369 Hofgeismar
- ÖPNV: RE 11 (RRX), Hofgeismar Bahnhof; Bus 192, Haltestelle Hofgeismar-Sababrug Tierpark

Löffel raus

34 Die Bäckerei Duygu in Hameln

Eins ist klar: Eine gute Suppe macht sowohl als Vorspeise als auch als Hauptgericht eine gute Figur, denn sie schmeckt immer – sogar im Sommer. Schon der berühmte französische Dramatiker und Schauspieler Molière wusste dies und schwärmte: „Ich lebe von guter Suppe und nicht von guter Rede." Und das kann man in der Rattenfängerstadt Hameln gut nachempfinden. Auf der belebten Deisterstraße – die von Einheimischen mit einem liebevollen Augenzwinkern auch oft als „Klein-Istanbul" bezeichnet wird, da es hier zahlreiche südländische Supermärkte, wunderbare Restaurants, verlockende Imbisse und Bäckereien gibt – wird die beste türkische Linsensuppe der Stadt serviert. Aber nicht in einem Restaurant, sondern in der beliebten Bäckerei Duygu.

Dort werden die Kunden eigentlich hauptsächlich mit feinen Gebäckspezialitäten, leckeren Torten, ausgesuchten Broten und (belegten) Brötchen, Baklava und vielem mehr verwöhnt. Die leckere türkische Linsensuppe, die es in den Varianten „scharf" oder „nicht scharf" gibt, ist aber unter Hamelnern schon lange kein Geheimtipp mehr. Viele Berufstätige kommen vor allem in ihrer Mittagspause gerne hierher und lassen sich die leckere Suppe schmecken. Die Suppe kann dabei entweder mit ins Büro genommen oder vor Ort genossen werden, da die Bäckerei in einem Nebenbereich über einige Sitzplätze verfügt. Die Linsensuppe zaubert einem aber nicht nur aufgrund ihres Geschmacks ein Lächeln ins Gesicht: In der scharfen Variante wird sie meist mit einem Smiley aus roter Sauce verziert. Außerdem gibt es dazu als Beilage immer eine grüne Spitzpaprika, eine Zitrone sowie einen großen Brotkorb. Satt wird man hier also auf jeden Fall! Neben der Qualität wissen bei Duygu auch die Preise sowie das freundliche Personal zu überzeugen. Wer bei einem Besuch der Rattenfängerstadt also Hunger auf eine leckere türkische Linsensuppe verspürt, ist bei Duygu genau an der richtigen Adresse!

- Bäckerei Duygu, Deisterstraße 40, 31785 Hameln, Tel. (0 51 51) 92 31 81
- ÖPNV: Diverse Busse, Haltestelle Deisterstraße

Das Beste der Traube

35 Der ökumenisch-biblische Weinpfad Corvey

Was verbindet Wein und die Bibel miteinander? Nun, mehr als man vielleicht auf den ersten Blick denkt. In der Bibel wird Wein nämlich an Hunderten Stellen erwähnt – meist als Ausdruck der Freude und Dankbarkeit. Auch im Weserbergland werden auf dem ökumenisch-biblischen Weinpfad, der sich nordöstlich von Höxter befindet, die Themen Wein und Bibel miteinander verknüpft.

Auf einem 2,3 Kilometer langen Rundwanderweg haben Wanderer die Möglichkeit, auf den Spuren der Weingeschichte Corveys zu folgen. Die Benediktinermönche gehörten im Mittelalter mit zu den größten Besitzern von Weinbergen. Dies zeigt sich auch am Räuschenberg in Höxter, der von den damals in Corvey regierenden Fürstäbten als Weinberg auserkoren wurde. Allerdings nur mit mäßigem Erfolg. Doch 300 Jahre später gelang es engagierten Höxteraner Bürgern genau an dieser Stelle ein neues, erfolgreicheres Kapitel in der Corveyer Weingeschichte aufzuschlagen. Heute stehen hier 99 Rebstöcke, u. a. sogar die uralte Traube „Weißer Orleans", die einst Karl der Große aus Frankreich mitbrachte.

Der Rundwanderweg startet an der Weinbergkapelle, dem letzten steinernen Zeugnis der fürstäbtlichen Weingeschichte, das heute für überkonfessionelle Veranstaltungen genutzt wird. Von hier aus führt der Weg dann durch lauschige Wälder sowie über grüne Wiesen und saftige Obstplantagen. An den Hängen des Räuschenbergs sind noch alte Mauerreste aus der Zeit der Weinbergterrassierung erkennbar, zudem eröffnen sich immer wieder malerische Ausblicke auf das hoch aufragende Corveyer Westwerk, das auf der UNESCO-Weltkulturerbeliste steht. An sieben Buchstationen kann man in aufgeschlagenen Büchern etwas über die Bedeutung von Corvey im Mittelalter und seine Weingeschichte erfahren; außerdem regen hier Bibeltexte zum Nachdenken an. Einer der attraktivsten Plätze der gesamten Wanderung befindet sich an Station 7: Auf einer Bank unter einer Eiche lassen sich eine mitgebrachte Brotzeit und ein Glas Wein mit Blick ins Wesertal genießen!

● Kapelle St. Josef am Weinberg, 37671 Höxter
● ÖPNV: Bus R 21, Höxter, Albaxer Str/Obi (ca. 15 Minuten Fußweg)

oikoumene
Biblischer Weinpfad
Station 1: Biblischer Wein
Ungefähr 220 Mal wird in der Bibel „Wein" erwähnt: Mal als Ausdruck der Freude und Dankbarkeit und mal zur Mahnung vor zügellosem Leben und gottesfernem Rausch. Vielfältig sind die Bilder, die den Wein zum Thema haben: Der Evangelist Johannes berichtet von der Abschiedsrede Jesu beim letzten Abendmahl vor seinem Kreuzestod. Jesus bezeichnet sich selber als den wahren Weinstock, den himmlischen Vater als Winzer, und seine Jünger als Rebzweige. Sie bringen gute und reiche Frucht, wenn sie mit ihm, dem Weinstock, verbunden bleiben. Es ist ein häufiges Motiv der Ikonenmalerei.
Ein regelrechtes Symbol für die Ökumene der verschiedenen Kirchen, die wie Rebzweige wohl in verschiedene Richtungen sich ausstrecken und dabei doch zu einem Weinstock gehören, ist der unter Winzern übliche „Herzschnitt": Die Triebe, die vom gemeinsamen Stamm ausgehen, werden an diesem Stamm wieder zusammengebunden. So bringen sie die besten Früchte!
Der ökumenisch-biblische Weinpfad
Der 2,3 km lange Wanderweg ist kein Weinpfad im klassischen Sinne. Er möchte vielmehr vermitteln, dass Wein und Bibel durchaus nichts Gegensätzliches sein müssen. Er verbindet insgesamt 7 Stationen, die neben einer herrlichen Natur und lohnenden Ausblicken darauf hinweisen, dass der Weinberg seinen Namen zurecht trägt. Besonders wird dies deutlich an dem neu angelegten Weingarten (Station 6).
Bis zur Station 4 steigt der Weg mäßig an und fällt dann zur Station 6 ab. Am Waldsaum bei Station 7 lädt eine Bank zum Verweilen ein, um den herrlichen Ausblick zu genießen.
Über einige Treppenstufen führt der Wanderpfad weiter parallel am Hang zum Ausgangspunkt zurück.
Der Rundwanderweg wurde im Jahr 2013 auf Initiative des Heimat- und Verkehrsvereins Höxter e.V. sowie des Vereins zur Nutzung und Erhaltung der Weinbergkapelle e.V. angelegt. Das herzoglichen Haus Ratibor, die Stadt Höxter und die ev. Kirchengemeinde Höxter haben dem Wegverlauf in der jetzigen Form zugestimmt. Die Wanderung, bzw. das Betreten der Flächen, geschieht auf eigene Verantwortung. Eine Haftung der Eigentümer oder der Initiatoren ist ausgeschlossen.

Ab geht's!

36 Die Sommerrodelbahn in Bodenwerder

Rodeln kann man nur im Winter? Falsch, nicht im Weserbergland. Hier kann man auch im Sommer besonderen Abfahrtsspaß erleben! In der Münchhausenstadt Bodenwerder, der Geburtsstadt des berühmten Lügenbarons, gibt es einen großen Rodelpark mit einer 950 Meter langen Rodelbahn. Die Strecke, auf der 60 Meter Höhendifferenz überwunden werden, führt durch eine schön angelegte Landschaft mit Teichen und Bächen, über eine Brücke – und sogar durch zwei kleine Tunnel bzw. Stollen (Kopf einziehen nicht vergessen).

Neben der Sommerrodelbahn, die zu aufregenden Fahrten einlädt, gibt es hier auch noch zahlreiche weitere Freizeitangebote für Groß und Klein, die den Charme des Rodelparks ausmachen. Mehrere Kinderspielplätze für verschiedene Altersklassen bieten alles, was das Kinderherz begehrt: eine Riesenrutsche, ein Karussell, Trampoline und Hüpfburgen, eine elektronische Kletterwand, Elektroautos, -boote und -bagger und vieles mehr. Aber auch Erwachsene haben hier ihren Spaß – z. B. beim Billardgolf oder ab der Saison 2024 beim neuen Adventure Golf. Darüber hinaus gibt es auch noch einen Naturerlebnis-Lehrpfad, auf dem man in ca. 30 Minuten rund um den Park wandern kann.

Bei der ganzen Action darf die Stärkung nicht zu kurz kommen. Neben einer Grillstation und einem Picknickplatz, der nach Absprache gegen eine kleine Gebühr genutzt werden kann, gibt es hier ein Restaurant mit einem zünftigen Biergarten, wo durchgehend warme Küche sowie Kaffee, Kuchen, Eisbecher und frisch gebackene Waffeln in kindgerechten Portionen serviert werden. Für die kleinen Gäste gibt es eine eigene Speisekarte. Hier sollte also für jeden etwas dabei sein! Hunde an der Leine sind ebenfalls willkommen. Praktisch: Ein großer Pkw- und Busparkplatz ist nur 2 Gehminuten entfernt und sorgt für eine entspannte Anreise. Der Rodelpark in Bodenwerder bietet also alles für einen erlebnisreichen Ausflug mit der Familie!

- Sommerrodelbahn Bodenwerder, Grüne Schleite 1, 37619 Bodenwerder, Tel. (0 55 33) 93 48 00, www.rodelpark.de
- ÖPNV: Bus 51, 520, 523, 524, 525, 528, Haltestelle Bodenwerder Münchhausenplatz (ca. 4 Minuten Fußweg)

24

Vom Kloster zum Welterbe

37

Schloss Corvey bei Höxter

Nahe der Stadt Höxter, direkt am Ufer der Weser, befindet sich eine der bedeutendsten Klosteranlagen der mittelalterlichen Welt – und heute eine der wichtigsten Sehenswürdigkeiten im Weserbergland: Schloss Corvey. Im Jahr 2014 wurde die Anlage mit der Klosterkirche, dem karolingischen Westwerk – ein der Basilika westlich vorgesetzter Kirchenraum – und dem fürstlichen Schloss in die Liste der UNESCO-Weltkulturerbestätten aufgenommen. Das Westwerk mit seiner mittelalterlichen Doppelturmfassade, der imposanten Eingangshalle und den einzigartigen archäologischen Relikten aus der Karolingerzeit (z. B. Fresken mit antiken Motiven aus der „Odyssee") ist sogar das älteste und einzige fast vollständig erhaltene karolingische Westwerk der Welt. Und noch einen weiteren Superlativ darf Corvey für sich beanspruchen: Die Bibliothek des Herzogs zählt mit ca. 75.000 Bänden zu den umfangreichsten Privatbibliotheken Deutschlands!

Zwischen dem 9. und 12. Jahrhundert galt Corvey als eines der bedeutsamsten geistlichen, kulturellen, wirtschaftlichen und politischen Zentren Nordeuropas: Von hier wurden wichtige Impulse für die Christianisierung in Europa gesetzt; Kaiser und Könige hielten in der prächtigen Klosterkirche Hof. Heute findet man hier eine weitläufige barocke Anlage in herzöglichem Besitz vor. Viele der Räumlichkeiten werden nun als Museum genutzt, in dem die Besucher 1200 Jahre klösterlicher und weltlicher Geschichte bestaunen können. Außerdem gibt es auf Corvey ein abwechslungsreiches Ausstellungs- und Konzertprogramm. Dazu gehören u. a. die Corveyer Sommerkonzerte sowie das Gartenfest Corvey.

Wenn man Schloss Corvey heutzutage besucht, erlebt man einen Rundgang, der im Mittelalter beginnt und bei Hoffmann von Fallersleben, dem Dichter der deutschen Nationalhymne, endet. Dieser wirkte nämlich von 1860 bis zu seinem Tod als Bibliothekar in Corvey; sein Grab befindet sich an der Südseite der Klosterkirche und kann besichtigt werden. Weltkulturerbe – den Titel hat sich das Kloster Corvey verdient!

TIPP

Eine Pause von so viel Architektur, Kunst und Geschichte kann man im Schlossrestaurant einlegen!

- Schloss Corvey, Corvey, 37671 Höxter, Tel. (0 52 71) 6 81 68
  www.corvey.de
- ÖPNV: RB 84, 588, HX 1, HX 2, HX 3, HX 4, R 21, R 22, R 90, Höxter-Rathaus Bahnhof; Bus HX 5, Haltestelle Höxter-Corvey

H VW 7H

Heiß auf Eis

38 Die Hamelner Eismanufaktur Diego

Sobald die ersten Sonnenstrahlen im Frühjahr herauskommen, erwacht auch wieder die Lust auf ein leckeres kühles Eis. Eine der besten Adressen im Weserbergland dafür ist die Eismanufaktur Diego in der Innenstadt von Hameln. Dort zaubert der Inhaber Diego Uva mit seinen hausgemachten Eisspezialitäten bereits seit 2008 seinen Gästen ein Lächeln ins Gesicht.

Die Liebe zur Eismacherkunst wurde dem Hamelner mit italienischen Wurzeln quasi in die Wiege gelegt: Bereits sein Großvater betrieb zwei Eisdielen in Italien; sein Vater führte diese Tradition zusammen mit seinen Brüdern weiter, als sie nach Deutschland gingen. In den 1990er-Jahren bildete sich Diego Uva selbst an einer Akademie für Eismacher in Bergamo weiter, bevor er sich schließlich 2008 den Traum von einem eigenen Eiscafé in der Rattenfängerstadt Hameln erfüllte. Als Hommage an seinen Großvater Diego übernahm er den Vornamen für sein Eiscafé. Die Leidenschaft für das Eishandwerk zeigt sich hier bereits durch die Präsentation der kalten Leckereien in der Vitrine. Da das Auge ja bekanntlich mitisst, werden die zahlreichen Eissorten mit aufwändigen Dekorationen versehen, um sie bestmöglich vorzustellen. Neben Standardsorten wie Schokolade oder Vanille, die in keiner Eisdiele fehlen dürfen, gibt es hier auch viele ausgefallene Kreationen – z. B. aus bekannten Süßigkeiten wie Giotto, Snickers oder Kit Kat. Sogar auch für Veganer und andere „Spezialfälle". Und wer mal keine Lust auf ein kühles Eis hat, kann hier auch leckere Kaffeespezialitäten, Kuchen oder andere kleine Snacks genießen. Das Personal ist stets freundlich und zuvorkommend – und versucht auf jeden Wunsch der Gäste einzugehen. Im Sommer lockt besonders der schön angelegte Außenbereich in der Fußgängerzone: Hier kann man eine süße Pause vom Shopping einlegen und das Treiben auf der Bäckerstraße beobachten. Vorausgesetzt, man ergattert einen der begehrten Plätze …

● Eismanufaktur Diego, Bäckerstraße 19, 31785 Hameln, Tel. (01 73) 1 89 52 48
● ÖPNV: Bus 1, 2, 5, 40, 91, 92, 96, 520, Haltestelle Hameln Münster;
Bus 10, 15, 21, 40, 50, 51, 520, Haltestelle Mühlenstraße/Rattenfängerhalle

Wie aus dem Märchen

39 Schloss Hämelschenburg in Emmerthal

Zwischen Hameln und Bad Pyrmont, direkt an der Straße der Weserrenaissance und am Niedersachsenweg, befindet sich ein märchenhaftes Hauptwerk der Weserrenaissance: das Schloss Hämelschenburg. Mit der ersten freistehenden protestantischen Kirche Deutschlands, den Wirtschaftsgebäuden, dem Park und dem Inventar ist die Anlage vollständig erhalten – weshalb sie zu den bedeutsamsten Renaissanceanlagen in Deutschland zählt. Das zum Schloss gehörige Rittergut gehört bereits seit 1437 der Familie von Klencke und wird heute noch als land- und forstwirtschaftlicher Betrieb genutzt.

Ein Spaziergang über die weitläufigen Gartenanlagen führt an den Weiden des vielfach ausgezeichneten Trakehnergestüts Langels vorbei bis hin zum Gartenhaus, wo die Seifensiederin Birte Koch ihre selbst kreierten Seifen ausstellt – das duftet. Und weiter kommt man an einer kleinen Mühle vorbei, in der das Maleratelier Klüter untergebracht ist. Auf der verträumten Mühleninsel befindet sich die Holzmanufaktur Rischmade, die hübsche Gartendeko sowie Bauernhof- und Krippenfiguren bietet. Wer eine Verschnaufpause braucht, kann im Schlosscafé mit angrenzendem Biergarten leckeren Kaffee und Kuchen mit Blick auf die schöne Südfassade des Schlosses genießen.

Schloss Hämelschenburg selbst ist nur durch eine Landstraße von diesem Teil der Anlage getrennt. Ein stattliches Portal sowie eine steinerne Brücke führen auf den Schlosshof, an den ein großer Teich angrenzt – ein märchenhafter Anblick. Oberhalb des Schlosses befindet sich noch ein weiteres Highlight: ein Landschaftspark mit exotischen Bäumen. Am Ende des Parks wartet eine kleine Überraschung auf die Besucher – eine Pyramide. Diese wurde ursprünglich als Begräbnisstätte der Familie von Klencke genutzt, steht heute allerdings leer. Neben den bezaubernden Außenanlagen können Besucher auch einen Teil des Schlosses bei einer Führung besichtigen. Die zahlreichen originalen Möbel, Gemälde, Waffen-, Porzellan- und Glassammlungen führen durch die Geschichte einer Adelsfamilie im Laufe von sechs Jahrhunderten.

- Schloss Hämelschenburg, Schlossstraße 1, 31860 Emmerthal, Tel. (0 51 55) 95 16 90
www.schloss-haemelschenburg.de
- ÖPNV: Bus 40, Haltestelle Emmerthal-Hämelschenburg Schloss

Schlüsselbau der Moderne

40 Das Fagus-Werk in Alfeld (Leine)

Walter Gropius dürfte sicherlich einigen als Gründer vom Bauhaus, einer berühmten Schule für Architekten, Künstler und Designer, bekannt sein. Was viele jedoch bestimmt nicht wissen: Sein Erstlingswerk hinterließ er der südniedersächsischen Stadt Alfeld an der Leine – und zwar in Form einer Schuhleistenfabrik. Das 1911 gegründete Fagus-Werk – dessen Name sich übrigens vom lateinischen Wort für Buchenholz ableitet, dem traditionellen Rohstoff für Schuhleisten – gilt als einer der Ursprünge moderner Architektur. Das Gebäude wird von klaren Linien, Glas und Stahl dominiert; breite Fensterfronten und freitragende, verglaste Gebäudeecken verleihen ihm eine gewisse Eleganz, Leichtigkeit und Transparenz – und machen es im Vergleich zu anderen Fabriken zu seiner Zeit außergewöhnlich. Seit dem Jahr 1946 ist das Fagus-Werk bereits denkmalgeschützt und seit 2011 zählt es zu den Weltkulturerbestätten der UNESCO in Deutschland! Heute befindet sich hier der Sitz der Firma Fagus-GreCon, die neben moderner Messtechnik immer noch Schuhleisten produziert.

Im Rahmen von öffentlichen Führungen können Besucher über hundert Jahre lebendige Architektur- und Industriegeschichte erleben und exklusive Einblicke in die Schuhleistenproduktion erhalten. Hier drückt sicherlich kein Schuh! Im UNESCO-Besucherzentrum informieren multimediale und interaktive Stationen über die Geschichte und Gegenwart des Werks, während in der Fagus-Gropius-Ausstellung spannende Infos über die Unternehmensgeschichte, die Besonderheiten der Gropius-Architektur und die Schuhmode eines Jahrhunderts vermittelt werden. Im Modellkeller können die Besucher zudem 3000 Originalmodelle bestaunen. Die Fagus-Galerie bietet Künstlern im Rahmen von Sonderausstellungen die Möglichkeit, ihre Kunstwerke in der außergewöhnlichen Umgebung eines Weltkulturerbes zu präsentieren. Für eine kulinarische Pause steht das Fagus-Gropius-Café im ehemaligen Maschinenhaus bereit, das mit einem täglich wechselnden Mittagstisch, einem Salatbuffet sowie Kaffee- und Kuchenspezialitäten aufwartet.

● Fagus-Werk, Hannoversche Straße 58, 31601 Alfeld (Leine), Tel. (0 51 81) 7 90
www.fagus-werk.com/de
● ÖPNV: ICE, RE 2, Alfeld (Leine) Bahnhof (ca. 6 Minuten zu Fuß)

Das Tor zu Welt und Weser

41 Der Barockhafen in Bad Karlshafen

Die staatlich anerkannte Kurstadt Bad Karlshafen im Landkreis Kassel ist die nördlichste Gemeinde Hessens. Sie wurde bereits 1699 vom Landgraf Carl als Umschlagplatz mit einem Stadthafen an der Weser errichtet – und besticht noch heute durch eine einzigartige Mischung aus barocker Atmosphäre und dem Flair eines modernen Urlaubs- und Kurorts. Herzstück der Stadt ist der historische Binnenhafen mit seiner Schleuse, der direkt in der Altstadt liegt – und auch städtebaulich die Hauptachse von Bad Karlshafen darstellt. Der nördlichste Hafen Hessens wurde in den 1920ern von der Weser abgeschnitten und erst vor Kurzem nach aufwändigen Sanierungsarbeiten wieder für den Schiffsbetrieb geöffnet. Diese Wiederanbindung förderte der Bund mit 5,5 Millionen Euro als „Nationales Projekt des Städtebaus". Deshalb heißt es nach fast hundert Jahren Unterbrechung seit dem Frühjahr 2019 endlich wieder: „Schleuse auf!" Das historische Hafenbecken ist nun wieder für kleinere Yachten, Sportboote und Kanus über eine Schleuse von der Weser aus befahrbar.

Besonders schön ist es als Besucher von Bad Karlshafen, sich mit einem Boot von der Weser aus in das historische Hafenbecken einschleusen zu lassen und den denkmalgeschützten Stadtkern der Barockstadt vom Wasser aus zu erleben. So kann man die architektonische Klarheit der weißen Häuser-Karrees auf beiden Seiten des Hafenbeckens bestens bestaunen – darunter u. a. das ehemalige „Pack- und Lagerhaus", das dem Landgrafen einst als repräsentative Unterkunft diente und heute als Rathaus fungiert, sowie das älteste Haus der Stadt (um 1700 erbaut), das heute als Hotel-Restaurant genutzt wird. Vom Hafen aus führt die Weserpromenade zu weiteren Sehenswürdigkeiten der Stadt, an denen man gemütlich vorbeischlendern kann, wie z. B. dem Gradierwerk (eine Anlage zur Salzgewinnung) oder der Weser-Therme, die beide direkt am Flussufer liegen. Hier können die Besucher die salzige Luft atmen bzw. im solehaltigen Wasser schwimmen und den Stress des Alltags mal hinter sich lassen!

- Barockhafen Bad Karlshafen, 34385 Bad Karlshafen
- ÖPNV: RB 85, Bad Karlshafen Bahnhof; Bus R 22, Haltestelle Karlshafen, Hafenplatz

Edel speisen an der Weser

42

Die Schloßwirtschaft in Hehlen

Das Wasserschloss in Hehlen, das von 1579 bis 1584 für Repräsentationszwecke erbaut wurde, gilt als eines der frühesten Schlösser im Stil der Weserrenaissance. Das Schloss kann zwar nur von außen besichtigt werden, da es sich in Privatbesitz befindet, in einem renovierten Wirtschaftsgebäude ist aber ein Café-Restaurant untergebracht, das in der Region schon längst zu einer Institution geworden ist. In der Schloßwirtschaft Hehlen trifft Tradition auf Moderne: Im historischen Gebäude verbirgt sich ein sehr stilvolles Interieur. Unter von der Decke hängenden Kronleuchtern kann man hier hausgemachte Kuchen, Kaffeespezialitäten und feine deutsch-österreichische Küche genießen, bei der Klassiker wie das Wiener Schnitzel modern interpretiert werden. Am schönsten ist ein Besuch der Schloßwirtschaft aber an warmen, sonnigen Tagen, denn dann kann man von der großen Außenterrasse den Blick auf die Weser und die grüne Landschaft des Weserberglands genießen.

Die Betreiber der Schloßwirtschaft legen viel Wert auf Qualität, Frische und Nachhaltigkeit. Bei der Auswahl der Lieferanten spielt Regionalität eine große Rolle. Der Großteil der Produkte stammt deshalb direkt aus der Region: heimisches Wild, Obst aus dem Schlossgarten, Gemüse vom Bauern aus dem Nachbardorf … Die Gerichte auf der Tages- und Abendkarte variieren zudem regelmäßig. Wer sich vor dem Besuch schon einmal Appetit holen möchte, kann sich auf der Webseite vorab über die Speisen informieren. Und falls dort noch nicht das Passende dabei sein sollte – weil man z. B. eine Lebensmittelunverträglichkeit hat oder sich vegetarisch/vegan ernährt –, dann kann man Bescheid sagen. Nach vorheriger Absprache können auf Wunsch alternative Gerichte angeboten werden. Durch ihre Größe und ihr edles Ambiente eignet sich die Schloßwirtschaft auch perfekt für Feierlichkeiten aller Art. Darüber hinaus werden regelmäßig Events veranstaltet – z. B. Grillabende auf der Weserterrasse oder Whisky-Tastings mit Spirituosen aus der hauseigenen Sammlung.

TIPP

Nach dem Essen einen Spaziergang zur Weser machen und den Blick von der Brücke aufs Schloss genießen!

- Die Schloßwirtschaft Hehlen, Schloßstraße 2, 37619 Hehlen, Tel. (0 55 33) 4 09 99 50, www.die-schlosswirtschaft.de
- ÖPNV: Bus 520, 524, Haltestelle Hehlen Bahnhof

Fantastisches Panorama

43 Der Fernsehturm in Porta Westfalica

In der ostwestfälischen Stadt Porta Westfalica, direkt gegenüber vom Kaiser-Wilhelm-Denkmal, befindet sich ein 142 Meter hoher Fernsehturm mit einer Aussichtsplattform. Dank seiner exponierten Lage am Weserdurchbruch zwischen Weser- und Wiehengebirge ist der Fernsehturm – genauso wie das Kaiser-Wilhelm-Denkmal – prägend für die Silhouette der Porta Westfalica, dem Tor zu Westfalen.

Heute ist der „Lange Jakob“ – wie der Turm im Volksmund oft genannt wird – ein beliebtes Ausflugsziel. Sowohl für Wanderer, Radfahrer als auch für Besucher, die lieber bequem mit dem Auto anreisen. Der Turm besitzt nicht nur technische Einrichtungen für Funk und Fernsehen, sondern auch eine Aussichtsplattform in 23 Metern Höhe, die Besucher gegen eine geringe Gebühr über eine Wendeltreppe erreichen können. Oben angekommen, wird man mit einer fantastischen Rundumsicht auf das Weserbergland sowie die Norddeutsche Tiefebene belohnt. Bei klarem Wetter hat man von hier eine Fernsicht von rund 50 Kilometern! Ein kleiner Tipp: Wer nicht abwarten möchte, kann die Aussicht sogar schon von zu Hause aus genießen, denn seit 2019 gibt es eine Webcam auf der Plattform. Schon mal ein wenig Panorama schnuppern?

Der Turm ist übrigens bereits der zweite Fernmeldeturm an dieser Stelle. Der erste Turm, 1953 von der Bundespost errichtet, wurde Anfang der 1970er abgerissen, da er nicht mehr die neuesten technischen Standards erfüllte, und 1979 durch den jetzigen modernen Turm ersetzt. Von 1902 bis 1952 stand hier eine Bismarcksäule, die ebenfalls bestiegen werden konnte. An diese Nutzung erinnert heute noch ein Bismarck-Gedenkraum in einem Nebengebäude des Turms. Hier sind neben einem künstlerisch gestalteten Bronze-Relief Bismarcks einige Bilder, Bücher und weitere informative Schriftstücke über das Leben und Wirken des früheren Reichskanzlers ausgestellt. Am Fuß des heutigen Turms steht ein kleiner Kiosk, der die Besucher mit appetitlichen Kleinigkeiten versorgt.

TIPP

Den Ausblick von der nahe gelegenen Aussichtsplattform Porta-Kanzel auf den Kaiser Wilhelm genießen!

● Fernsehturm Porta Westfalica, Jakobsberg 1, 32457 Porta Westfalica,
Tel. (05 71) 5 57 37
www.bismarckbund-porta.de/webcam

Kurzurlaub an der Weser

44 Der Bodega Beach Club in Rinteln

Sonne auf der Haut, Sand zwischen den Zehen, die Füße ins kühle Nass tauchen, den Wellen lauschen … Nicht umsonst lautet ein bekannter Spruch: „Life is better at the beach". Wer jedoch keine Zeit hat, ans „richtige" Meer zu fahren, kann im Bodega Beach Club in Rinteln einen Kurzurlaub an der Weser verbringen. Da der Beach Club über einen Sandstrand direkt am Wasser mit einigen Palmen verfügt, kommt hier echtes Strand-Feeling auf. Mit den Füßen im warmen Sand und einem kühlen Drink in der Hand kann man hier im Sommer den Feierabend genießen oder am Wochenende die Seele baumeln lassen und den Alltagsstress mal für eine Weile vergessen. Gegen den Durst gibt es diverse erfrischende, alkoholische und nicht alkoholische Getränke wie Softdrinks, Weine, Flaschenbiere, Longdrinks – und Cocktails. Und auch gegen den Hunger hat der Beach Club mit Pizzen, Burgern, Snacks und Fingerfood vorgesorgt. Und Eis darf natürlich am Strand auch nicht fehlen!

Während tagsüber entspanntes Karibik-Feeling im Beach Club herrscht, gibt es abends chillige Sounds, zu denen auch getanzt werden kann. Diejenigen, die etwas mehr Action mögen, kommen hier ebenfalls auf ihre Kosten, denn im Bodega Beach Club finden regelmäßig Events statt. Eine besonders beliebte und spaßige Veranstaltung ist die jährliche Badeinsel-Regatta, bei der Zweier-Teams mit Händen und Füßen versuchen, große, schwimmende Plattformen als Erste ins Ziel zu manövrieren.

Ein Hinweis: Der Betrieb ist von der aktuellen Wetterlage abhängig, das heißt, der Beach Club öffnet nur bei schönem Wetter. Wer sich nicht ganz sicher ist, ob wirklich geöffnet ist, kann dies vorher auf der Webseite checken. Bei schlechtem Wetter – oder im Winter – bietet das Restaurant Bodega in der Innenstadt von Rinteln direkt am Marktplatz eine nette Alternative. Hier gibt es einen leckeren Mix aus spanisch-italienischer und Tex-Mex-Küche.

- Bodega Beach Club, Am Weseranger 2, 31737 Rinteln, Tel. (0 57 51) 96 82 40
www.bbc-rinteln.de
- ÖPNV: RB 77, Haltestelle Bahnhof Rinteln (ca. 13 Minuten Fußweg)

BODEGA BEACH
SUNSHINE-BAR
WWW.BBC-RINTELN.DE

Aschenputtels Heimat

45 Die Burgruine Polle

Hoch über dem Ort Polle an der Deutschen Märchenstraße im Landkreis Holzminden thront auf einer 25 Meter hohen Felsklippe die Ruine einer Höhenburg. Die wahrscheinlich um 1200 erbaute und 1285 erstmals urkundlich erwähnte Burg war Sitz der Eversteiner Grafen, bevor sie im 15. Jahrhundert durch kriegerische Auseinandersetzungen an die Welfen fiel. Im Dreißigjährigen Krieg wurde die Burg durch die Truppen des Feldmarschalls Tilly belagert und geplündert. Im Jahr 1641 fiel sie bei einer Belagerung der Schweden dem Feuer zum Opfer. Seitdem ist sie nur noch als verwunschene Ruine erhalten.
Die Burgruine Polle kann gegen einen geringen Eintrittspreis (Erwachsene aktuell 2 Euro) besichtigt werden. Hier kann ein Stück Geschichte erlebt werden: Von der ehemaligen Unterburg sind noch Reste der Ringmauer zu sehen, von der Oberburg können Fragmente mehrerer Gebäude, die Mauerreste des Torturms sowie die Außenmauern der einstigen Wohngebäude bestaunt werden. Darüber hinaus ist ein ca. 20 Meter hoher, imposanter Rundturm vorhanden, der früher als Wartturm und Bergfried diente – und heute über eine Wendeltreppe erklommen werden kann. Von dort bieten sich malerische Ausblicke über die Weser und die schöne Landschaft.
Die Geschichte und das Leben auf der Burg werden den Besuchern in einem kleinen Museum nähergebracht. Im Sommer dient der Burghof zudem als Freilichtbühne: Hier finden kulturelle Veranstaltungen wie z. B. Aufführungen des Märchens „Aschenputtel" statt. Der Ort Polle gilt nämlich als (angedichtete) Heimat von Aschenputtel!
Direkt unter der Burgruine verbirgt sich noch eine kleine Attraktion: eine von wenigen Gierseilfähren auf der Weser! Die Besonderheit: Die kleinen Fährboote brauchen keinen eigenen Antrieb, sie bewegen sich aufgrund ihrer Schrägstellung gegen die Strömung entlang eines Hochseils über den Fluss. Die Poller Gierseilfähre ist ganzjährig in Betrieb und vor allem bei Motorrad- und Fahrradtouristen beliebt, die auf diesem Weg die Weser überqueren. Vielleicht hat Aschenputtel so auch auf dem Weg zum Ball die Weser überquert …

- Burgruine Polle, Brevörder Landstraße, 37647 Polle
- ÖPNV: Bus 520, 521, Haltestelle Polle Unter der Burg

Grüne Lunge

46 Der Bürgergarten in Hameln

Wie der Name schon vermuten lässt, ist der Bürgergarten ein öffentlicher Park für die Einwohner der Rattenfängerstadt. Früher als Exerzierplatz sowie als Sportstadion genutzt, wurde das Gebiet, das zentrumsnah zwischen dem 164er-Ring, dem Kastanienwall und der Deisterallee liegt, im Jahr 1962 für seine heutige Nutzung als Bürgergarten umgestaltet. Vor allem die Bürger Hamelns finden hier grüne Naherholung direkt in der Innenstadt, aber auch für Touristen lohnt ein Besuch des Bürgergartens.

Denn es gibt einiges zu entdecken: Der Park besteht aus einer großen, zentralen Rasenfläche, auf der Fußball gespielt oder gepicknickt werden kann. Oder man faulenzt auf einer der großzügigen Liegebänke in der Sonne. Leseratten finden dafür in einer englischen roten Telefonzelle genügend Lesestoff, den sie zum Schmökern – wenn sie möchten – sogar mit nach Hause nehmen können. Bitte beachten: Der Konsum von Alkohol, grillen und campen ist im Bürgergarten grundsätzlich verboten. Einzige Ausnahme sind Veranstaltungen wie das Hamelner Weinfest oder das Sommerkino-Open-Air. Hinter der Rasenfläche gibt es ein rechteckig angelegtes Wasserbecken, in dem von April bis Oktober mehrmals täglich erfrischende Wasserspiele stattfinden. Zudem findet der aufmerksame Besucher überall im Park beeindruckende Kunstwerke – wie z. B. den „Hütejungen" von Professor Dr. Kurt Schwerdtfeger.

Die beiden äußeren Bereiche, die die große Rasenfläche einrahmen, sind in eine aktive und eine passive Zone eingeteilt. Die der Altstadt zugewandte Seite ist eher der aktiven Erholung gewidmet. Hier findet man einen Bewegungspark mit sechs Trainingsgeräten, ein Outdoor-Schachspiel, eine Konzertmuschel sowie einen Kinderspielplatz. Im stadtauswärts gelegenen Bereich mit seinen zahlreichen Sitzmöglichkeiten, einem vielfältigen Pflanzensortiment sowie einem kleinen Teich kann man hingegen eher beschauliche Momente genießen. Hier dürfte also wirklich für jeden etwas dabei sein – egal ob man es lieber etwas sportlicher oder etwas entspannter mag!

- Bürgergarten, Deisterallee 7, 31785 Hameln
- ÖPNV: Bus 1, 2, 3, 4, 5, 6, 10, 20, 30, Haltestelle Bürgergarten

SAINT-MAUR-DES-FOSSES
735 Km
TORBAY
1100 Km
QUEDLINBURG
175 Km

Ungewöhnliche Kirchenburg

47

Die Krukenburg in Helmarshausen

Die Krukenburg, die auf dem 184 Meter hohen Waltersberg über dem Bad Karlshafener Stadtteil Helmarshausen thront, bildet zusammen mit der Sababurg und der Trendelburg ein sehenswertes Burgen-Dreiergespann im nordhessischen Reinhardswald. Dabei ist sie unter den Dreien die Burg mit der ältesten Geschichte – ihre Entstehungsgeschichte reicht bis ins 11. Jahrhundert zurück. Ebenso ist die Krukenburg auch bauhistorisch gesehen etwas ganz Besonders: Sie entstand zwischen 1215 und 1220 als klassische Burganlage um einen runden Kirchenbau herum, der nach dem Vorbild der berühmten Grabeskirche in Jerusalem errichtet wurde. Darüber hinaus sollte sie auch als Schutz des am Fuß des Bergs gelegenen Klosters Helmarshausen dienen. Sie umgibt also ein Hauch von Mystik.

TIPP
Das Kloster sowie das Café zur Krukenburg in Helmars. hausen besuchen!

Die Krukenburg kann auf eine ungewöhnliche Geschichte zurückblicken. Im Laufe der Jahrhunderte war sie gleichzeitig Wehr- und Wohnbau und beherbergte sowohl weltliche als auch geistliche Mächte, die – obwohl sie meist verfeindet waren – sogar zeitgleich dort lebten. Die Burg wurde zwar nie kriegsbedingt zerstört, zerfiel aber nach 1617 allmählich. Später wurden große Teile zur Materialgewinnung abgebrochen. In den 1970ern wurde die Anlage aber mit viel Liebe für die alten Steine restauriert, sodass die Ruine dieser beeindruckenden Burg zum Glück für die Nachwelt erhalten geblieben sind.

Heute ist die Krukenburg ein beliebtes Ausflugsziel. Reste der starken Mauern mit ihren Türmen, der Burggraben, das Burgtor und der Bergfried sind noch erkennbar erhalten – der Bergfried ist sogar begehbar! Von seiner Aussichtsplattform bietet sich den Besuchern ein schöner Rundblick über das Diemeltal, den Reinhardswald, den historischen Ort Helmarshausen sowie Teile der Barockstadt Bad Karlshafen.

- Krukenburg, Am Krukenberg 5 a, 34385 Bad Karlshafen
- ÖPNV: RB 85, Bad Karlshafen Bahnhof; Bus R 22, Haltestelle Bad Karlshafen, Hafenplatz (ca. 25 Minuten Fußweg)

Pure Blütenpracht

48 Der Ohrbergpark in Emmerthal

80 Meter hoch über dem Wesertal erhebt sich in der Gemeinde Emmerthal der Ohrberg. Dort befindet sich eine 45 Hektar große Parkanlage im Stil eines englischen Landschaftsgartens. Topografisch gesehen stellt der Park mit seinem flachen Westhang und seinem steil zur Weser hin abfallenden Osthang bereits etwas Besonderes dar. Überregional bekannt ist der Ohrbergpark aber vor allem wegen seiner farbenprächtig blühenden Rhododendron- und Azaleensträucher sowie exotischen Baumarten. Hier finden sich z. B. solch seltene Arten wie Ginkgo, Zaubernuss oder Fächer-Ahorn. Wer möchte, kann sich auf „Baum-Schatzsuche" begeben: Auf einer großen Hinweistafel gibt es eine Karte, auf der sämtliche Baumstandorte verzeichnet sind. Wenn man durch den Park schlendert, ist nicht nur die Farbenpracht der Pflanzen ein Highlight, sondern auch der Duft, der sich durch den Park zieht.

Aber auch sonst gibt es im Ohrbergpark viel zu entdecken: z. B. einen überdimensional großen Steintisch auf der grünen, zentralen Wiese sowie den sogenannten „Zwergenbaum". Eigentlich wurde der alte Baumstamm nur für Untersuchungen in der Mitte aufgeschnitten; die Park-Ranger nutzten dies aber, um dort einen Gartenzwerg hineinzustellen. Und mit der Zeit folgten diesem Beispiel unzählige Besucher und es kamen zahlreiche weitere Zwerge dazu. Ein lustiger Anblick!

Auf sich sanft schlängelnden Wegen bieten sich zudem viele reizvolle Ausblicke, z. B. auf die große Weserschleife beim historischen Rittergut Ohr. Dies ist kein Zufall: Georg Adolph von Hake legte den Park nämlich um 1818 als Landschaftspark in Sichtweite seines Ritterguts an. Um ein freies Blickfeld zu haben, ließ er sogar extra einige Bauernhöfe ins Dorf verlegen. Auch heute noch befindet sich der Park im Besitz der Familie von Hake; er ist aber das ganze Jahr für alle Besucher frei zugänglich. Man kann entweder mit dem Auto bis zum Ohrberghaus hochfahren, das heute als Yoga-Zentrum dient, wo man Entspannung finden kann, oder bereits weiter unten parken und den Rest zu Fuß gehen (ca. 10–15 Minuten). Ein wunderbarer Ausflug ins Grüne!

- Ohrbergpark, Am Ohrberg, 31860 Emmerthal
  www.ohrbergpark.de
- ÖPNV: Bus 40, 520, Haltestelle Ohr Ohrbergpark

DER
Zwergen
BAUM

Wie aus anderen Zeiten

49 Das Renaissanceschloss Bückeburg

Unweit des Stadtzentrums gelegen, stellt das Renaissanceschloss in Bückeburg einen beliebten Anziehungspunkt für Besucher weit über die Region hinaus dar. Wer das Schlosstor passiert, betritt eine andere Welt und kann für ein paar Stunden den Alltag vergessen. Seit 700 Jahren ist das Schloss schon Stammsitz der Fürstenfamilie zu Schaumburg-Lippe – und somit ein lebendiger Spiegel der Zeit. Wer sich auf eine Entdeckungsreise durch die Jahrhunderte begeben möchte, kann dies im Rahmen von diversen Themen-Schlossführungen tun: z. B. bei einer Entdeckertour für Hobbyfotografen, einer Kombi-Führung durch das Schloss, den Park und das Mausoleum oder einer „Hinter-den-Kulissen-Führung", deren Teilnehmer einige Räume kennenlernen, die man sonst nicht zu sehen bekommt.

TIPP

Eine der beliebten Veranstaltungen besuchen, z. B. „Landpartie" im Sommer, „Weihnachtszauber" im Winter.

Der über 80 Hektar große Schlosspark, der im Stil eines englischen Landschaftsgartens angelegt wurde, ist im Gegensatz zum Schloss immer frei zugänglich. Neben einigen seltenen Baumarten findet man hier auch das größte private Mausoleum der Welt. Westlich des Schlosses, in einem extra dafür angelegten Teil des Parks, thront das imposante Bauwerk, das nach dem Vorbild des Pantheon in Rom errichtet wurde. Das Mausoleum ist aber nicht nur die größte private Fürstengruft, die heute noch von der Fürstenfamilie zu Schaumburg-Lippe genutzt wird, sondern besitzt auch die größte Goldmosaikkuppel in Europa – die Goldmosaike umfassen eine stolze Fläche von 500 Quadratmetern.

Und noch einen Superlativ kann Schloss Bückeburg für sich verbuchen: Direkt neben der Schlossanlage befindet sich die Fürstliche Hofreitschule Bückeburg, die einzige Hofreitschule Deutschlands! Pferdefreunde können hier historische europäische Reitkunst sowie edle Pferde verschiedener barocker Rassen erleben und bestaunen – sowohl im Marstallmuseum als auch in den fürstlichen Stallungen. Etwas ganz Besonderes: die Teilnahme an einer der regelmäßig stattfindenden Vorführungen der barocken Reitkunst.

- Schloss Bückeburg, Schlossplatz 1, 31675 Bückeburg, Tel. (0 57 22) 95 58 30 www.schloss-bueckeburg.de
- ÖPNV: RE 60, RE 70, S 1, Bückeburg Bahnhof (ca. 10 Minuten Fußweg)

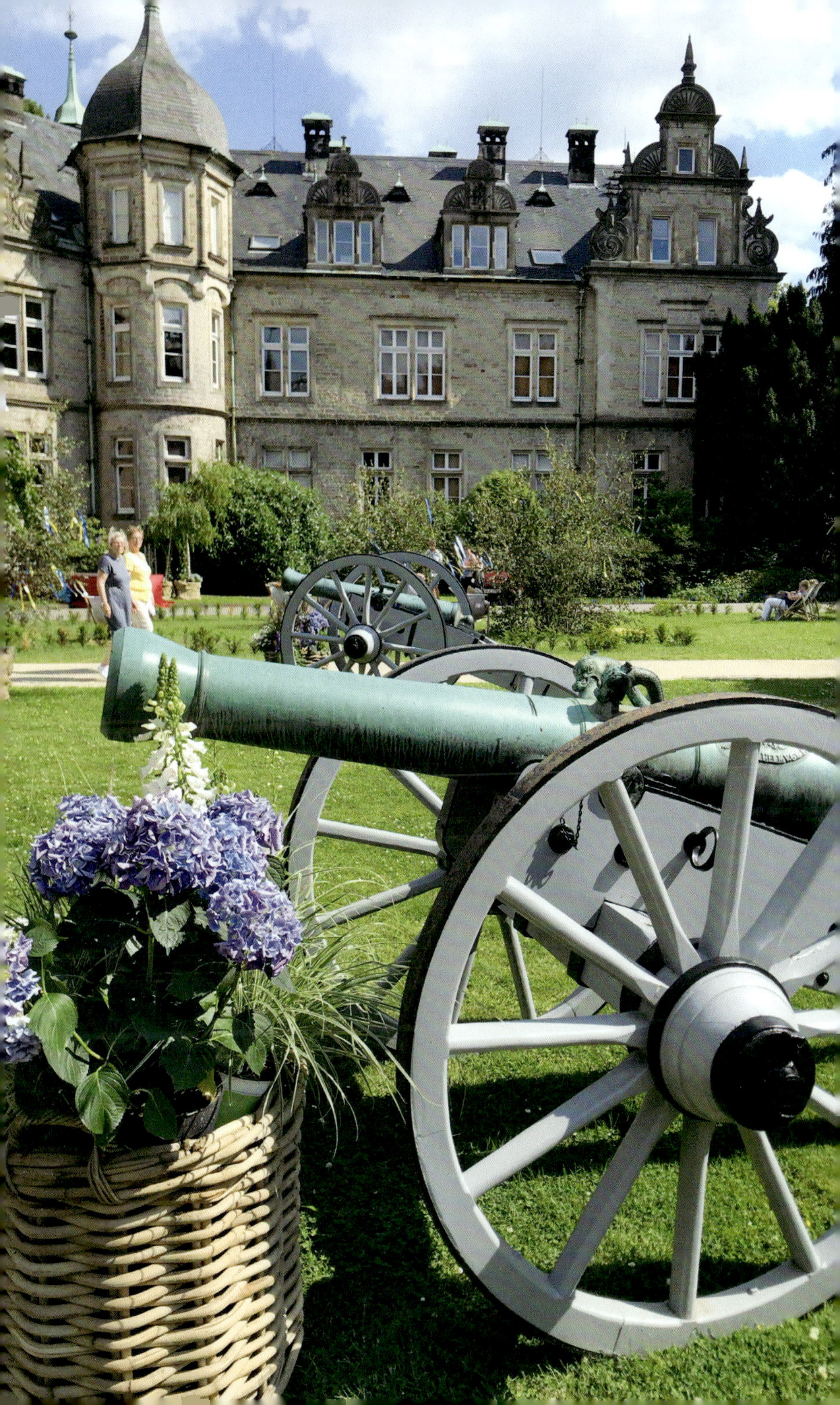

Wellness de luxe

50 Die Hufeland Therme in Bad Pyrmont

Schwimmen ist eine der angenehmsten und gesündesten Fortbewegungsarten, vor allem in wohltuendem Solewasser wie in der Hufeland Therme in der Kurstadt Bad Pyrmont. Die Becken der Therme werden nämlich von einer Salinenquelle gespeist, die für eine natürliche Mineralisierung des Wassers sorgt – und so ein entspannendes und gesundes Schwimmerlebnis garantiert.

Da die Hufeland Therme bereits seit 2010 zu einer der wenigen Fünf-Sterne-Wellness-Thermen in Deutschland zählt, ist sie der Inbegriff für Entschleunigung und Entspannung. Auf 700 Quadratmetern finden ihre Besucher eine großzügig angelegte Soleschwimmlandschaft mit einem Innen- und einem Außenbecken, die durch einen Schwimmkanal miteinander verbunden sind. Darüber hinaus sorgen diverse Schwallwasserdüsen, Luftsprudelbänke, ein Therapiebecken mit einer Licht- und Akustikanlage sowie ein Hot Whirlpool mit angenehmen 37 Grad Wassertemperatur dafür, dass man den Alltagsstress vergisst und die Seele baumeln lässt.

Auf 1000 Quadratmetern finden Saunafans hier zudem das ultimative Schwitzvergnügen. In der nordischen Saunawelt im Innenbereich gibt es drei finnische Saunen (inklusive einer Sauna nur für Frauen), ein Sanarium, ein Blütendampfbad sowie ein einzigartiges Schneeparadies zur Abkühlung. Ebenso existiert auch noch ein hübscher Saunagarten mit einer finnischen Sauna, einer sibirischen Banja, einer Erd- und einer Kelosauna, einem großen Kaltschwimmbecken, einem Duschmonolithen und einem Schweigehaus. Zwischen den Saunagängen lädt der schöne Ruhe- und Wellnessbereich zum Abschalten ein: Diverse Liegenischen, Ruheinseln, Wasserbetten und ein großer warmer Liegestein sorgen für ein Rundum-Wohlfühlambiente. Wer noch mehr Entspannung genießen möchte, der kann zudem eins der zahlreichen Wellness- und Massageangebote in Anspruch nehmen. Oder den Club Hufeland Fit im Obergeschoss der Therme nutzen – hier wird für jeden Besucher ein individuell zugeschnittenes Fitness-Programm an modernsten Geräten angeboten.

- Hufeland Therme, Forstweg 17, 31812 Bad Pyrmont, Tel. (0 52 81) 15 17 50
  https://hufeland-therme.staatsbad-pyrmont.de
- ÖPNV: S 5, Bad Pyrmont Bahnhof; Bus 63, Haltestelle Hufeland Therme

Der große Abwasch

51 Moderne Brunnenskulptur in Bad Nenndorf

In der Kurstadt Bad Nenndorf am nordwestlichen Rand des Deisters, einem ca. 23 Kilometer langen Höhenzug südlich von Hannover, zwischen Weser und Leine, findet man unweit des Kurparks eine ungewöhnliche Brunnenskulptur mit dem Titel „Der große Abwasch". Wie der Titel schon verrät, erinnert sie an ein leidiges Thema: den Abwasch. Deshalb verwundert es auch nicht, dass der Brunnen vor seiner Inbetriebnahme für einige Diskussionen unter den Bürgern Bad Nenndorfs gesorgt hat: Während die Kritiker monierten, die Skulptur habe keinen Bezug zur Kurstadt Bad Nenndorf, gefiel den Befürwortern vor allem die Ungewöhnlichkeit und Modernität. Seit dem Jahr 2016 hat „Der große Abwasch" nun aber bereits seinen festen Platz in der Kurstadt – und ist mittlerweile zu einem beliebten Treffpunkt geworden.
Die Idee zu diesem Projekt entstand bereits in den 1970er-Jahren, als der Künstler Timm Ulrichs als einziger Mann in einer Wohngemeinschaft mit sechs Frauen lebte – und dort nach eigenen Angaben fürs Spülen verantwortlich war und öfter solche Geschirrtürme in der Spüle vorgefunden habe, wie sie heute in Bad Nenndorf als Brunnen stehen. Diese erinnerten ihn aber auch an ein traditionelles Brunnenmodell, denn bereits bei den klassischen römischen Brunnen floss das Wasser über Gefäße auf mehreren Ebenen hinab ins Brunnenbecken. Da Timm Ulrichs die traditionelle Brunnenform mit Aspekten des modernen Alltags verbinden wollte, wählte er allerdings Tassen und Teller statt den damals üblichen Schalen. Und stapelte sie zu einem Turm auf. Eben ganz wie beim alltäglichen Abwasch. Wer hier vorbeigeht, kann nur schmunzeln.
Damit die Tassen auch widrigen Witterungsbedingungen standhalten, sind sie aus hochwertigem Aluminium. Dadurch harmonisiert die Skulptur auch gut mit den grauen Akzenten am Haus Kassel am Kurpark, vor dem sie steht. Apropos Kurpark: Wer genügend Zeit mitbringt, sollte unbedingt auch den 24 Hektar großen Kurpark in Bad Nenndorf mit seinen historischen Bauten und der einzigartigen Süntelbuchenallee besuchen.

- Kurhausstraße, Ecke Kurpromenade, 31542 Bad Nenndorf
- ÖPNV: S 1, S 2, Bad Nenndorf Bahnhof (ca. 17 Minuten Fußweg

HAUS KASSEL

Wie zu Kaisers Zeiten

52

Die Kultkneipe Reichsadler in Hameln

Wer im Hamelner Klütviertel unterwegs ist, der sollte unbedingt der Straße Breiter Weg folgen und nach der Kultkneipe Reichsadler Ausschau halten. Schon von außen ist die Kneipe in dem Eckhaus mit dem roten Klinker und den hell leuchtenden Lampen sehenswert und erinnert an längst vergangene Zeiten – nämlich an die Kaiserzeit. Die Kneipe wurde bereits im Jahr 1901 eröffnet und ist somit eine der ältesten und beständigsten Kneipen in Hameln. Hier kann man es sich so richtig gut gehen lassen!

Wer die Hamelner Kultkneipe Reichsadler betritt, erlebt Nostalgie pur – eben wie zu Kaisers Zeiten. An den Wänden hängen Bilder des namensgebenden Reichsadlers, der bereits im 19. Jahrhundert ein Hoheitszeichen des Deutschen Kaiserreichs darstellte. Ansonsten herrscht hier das typische urige Kneipenambiente. Der Inhaber Rainer Chudoba steht noch selbst hinter dem Tresen und begrüßt seine Gäste mit einem freundlichen Lächeln. Allerdings gibt es hier nicht nur leckeres Bier, sondern der Reichsadler ist unter Hamelnern längst ein Geheimtipp für wirklich gutes Essen.

Die kleine, aber feine Speisekarte umfasst bodenständige, gutbürgerliche Küche wie Steaks, Schnitzel, hausgemachte Frikadellen oder Sülze – und dürfte deshalb vor allem Freunde deutscher Küche erfreuen. Wer kein Fleisch isst, kann aber auch einen vegetarischen Flammkuchen ordern, der auf der Zunge zergeht. Einziger Wermutstropfen: Da der Laden sehr beliebt ist – eine vorherige Reservierung empfiehlt sich hier auf jeden Fall –, kann es manchmal etwas länger dauern, bis das Essen kommt. Aber das Warten lohnt sich definitiv! Und mit netter Gesellschaft stellt dies sicherlich auch kein Problem dar. Im Reichsadler kehrt man dank der authentischen Atmosphäre, des leckeren Essens mit einem sehr guten Preis-Leistungs-Verhältnis und der freundlichen Bedienung immer wieder gerne ein.

TIPP

Im Sommer lockt zusätzlich zum Innenbereich auch ein kleiner Biergarten um die Ecke hinterm Haus.

- Reichsadler, Breiter Weg 12, 31787 Hameln, Tel. (0 51 51) 9 96 10 75
- ÖPNV: Bus 4, 21, 35, 94, 95, Haltestelle Breiter Weg

Krombacher
Gutbürgerliche Küche
Reichsadler
Eine Kneipe aus Kaisers Zeiten
Radfahrer
Schulzentrum
West →
Nudeln mit
fr. Pfifferlingen
€ 12,50

Natürlich schwimmen

53

Das Naturerlebnisbad in Lauenstein am Ith

Im Ortsteil Lauenstein im Flecken Salzhemmendorf befindet sich das einzige Naturerlebnisbad des Weserberglands. Ende der 1990er-Jahre wurde hier ein gewöhnliches Sportbad in eine Freizeitanlage umgebaut, deren Mittelpunkt das neu entstandene Naturerlebnisbad mit seinem Schwimmteich wurde. Doch was versteht man eigentlich genau unter einem Naturerlebnisbad? Die Reinigung des Wassers erfolgt auf natürliche Weise (durch Pflanzen und Mikroorganismen) in einem separat angelegten Regenerationsteich, der über Rohrleitungen mit dem Schwimmteich verbunden ist und einen permanenten Wasserkreislauf gewährleistet. So kann komplett auf den Einsatz von Chemikalien wie Chlor und Fungizide verzichtet werden. Ein weiterer Vorteil des Naturbad-Prinzips: Im Vergleich zu einem klassischen Sportbad können jährlich ca. 6700 Kubikmeter Wasser sowie hohe Energiekosten eingespart werden. Noch besser für die Umwelt!

Im Naturerlebnisbad Lauenstein finden sowohl kleine als auch große Gäste Erholung, Sport und Spaß – im Wasser wie auch außerhalb. Der Schwimmteich mit seinem Sprungfelsen und der separate Regenerationsteich fügen sich dabei sehr gut in den parkähnlichen Charakter der Anlage ein. Für die Kleinen gibt es zudem ein eigenes Kleinkinderbecken, einen Bachlauf sowie einen Spielplatz mit einem Spielschiff. Wer neben dem Schwimmen noch anderen sportlichen Aktivitäten nachgehen möchte, kann z. B. Boule, Beachvolleyball oder Tischtennis spielen. Darüber hinaus gibt es auf dem Gelände auch noch eine Minigolfanlage mit insgesamt 18 Spielstationen (nach Absprache ist die Nutzung des Minigolfplatzes auch außerhalb der Badesaison möglich). Wer es hingegen lieber etwas ruhiger mag, kann auf der großen Liegewiese relaxen. Für das leibliche Wohl sorgt ein Imbiss mit Biergarten. Bei Temperaturen unter 20 Grad oder Regenwetter bleibt das Naturerlebnisbad geschlossen. Wer sichergehen möchte, dass auch wirklich geöffnet ist, kann sich vorab telefonisch erkundigen.

- Naturerlebnisbad Lauenstein, Hemmendorfer Straße 55, 31020 Salzhemmendorf, Tel. (0 51 53) 52 50 www.naturerlebnisbad-lauenstein.de
- ÖPNV: RB 77, Coppenbrügge Bahnhof; Bus 50, 71, Haltestelle Lauenstein Friedhof

Einfach mal abschalten

54

Das Hotel-Restaurant Waldquelle in Aerzen

Hoch über Aerzen, am Hang des Lüningsbergs direkt am Waldrand, liegt das familiengeführte Hotel Waldquelle im gemütlichen Landhausstil. Seit dem Jahr 1887 dient es bereits als Ort der Gastlichkeit und Erholung. Das Herzstück der Waldquelle ist das Restaurant, das gehobene gutbürgerliche Küche serviert, die durch internationale Gerichte bereichert wird. Zudem gibt es hier regelmäßig wechselnde, saisonale Angebote. Besonderer Wert wird dabei auf Regionalität gelegt: Wenn möglich, werden die Lebensmittel von Landwirten aus der Umgebung bezogen. So sind z. B. die Felder, auf denen die Kartoffeln angebaut werden, oder der Hof, auf dem die Austernpilze gezüchtet werden, sogar von der Panoramaterrasse des Restaurants aus zu sehen. Das umfangreiche Weinsortiment der Waldquelle stammt von ausgezeichneten nationalen Winzern und wird ausschließlich direkt von den Herstellern bezogen. Und das kann man schmecken! Die Waldquelle ist ein beliebter Ausgangs-, Zwischen- oder Endpunkt für Ausflügler, besonders für Wanderer und Radfahrer. Es gibt in der näheren und weiteren Umgebung ein gut ausgebautes Radwegenetz. So sind darüber u. a. das nicht weit entfernte Schloss Schwöbber oder die Rattenfängerstadt Hameln gut zu erreichen.

Wer möchte, kann natürlich auch in der Waldquelle nächtigen. Entweder in komfortablen Hotelzimmern mit zeitgemäßer Technik oder – wer es etwas abenteuerlicher mag – in einem der drei Baumhäuser. In luftiger Höhe, umgeben vom Duft des Holzes und der Natur, kann man hier ein Übernachtungserlebnis der besonderen Art genießen. Außerdem stehen in der Waldquelle Räumlichkeiten für Festlichkeiten, besondere Anlässe oder Tagungen für bis zu 120 Personen zur Verfügung. Ein Ausflug ins Grüne lohnt sich immer!

TIPP

Durch ihre Lage ist die Waldquelle der ideale Ausgangspunkt für weitere Ausflüge ins Weserbergland!

- Hotel-Restaurant Waldquelle – Aerzener Baumhaushotel, Waldquelle 1, 31855 Aerzen, Tel. (0 51 54) 9 52 20, www.hotel-waldquelle.de
- ÖPNV: Bus 30, 34, 37, 38, Haltestelle Aerzen Kirche (ca. 25 Minuten Fußweg)

DIE Event-Location

55 Das Rittergut Remeringhausen bei Stadthagen

Wer den perfekten Veranstaltungsort im Weserbergland für einen festlichen Anlass wie eine Hochzeit oder eine Firmenfeier sucht, ist auf dem Rittergut Remeringhausen genau richtig! Der geschichtsträchtige Gutshof aus dem 16. Jahrhundert liegt in der Nähe von Stadthagen mitten im Schaumburger Land und punktet mit einer idyllischen Alleinlage am Rand der Bückeberge. Früher war das Rittergut nur eines von vielen Gütern der bekannten Familie von Münchhausen in der Region. Heute wird es in 22. Generation von Tania und Nicolaus von Schöning bewirtschaftet und befindet sich somit schon seit mehr als 500 Jahren in Familienbesitz! Das Paar hat es zu einer über die Region hinaus bekannten Event-Location gemacht.

Zudem finden hier regelmäßig Kulturveranstaltungen wie die „Pflanzentage“, das „British Weekend“, das „Parkfestival Romantic Garden“ oder der vorweihnachtliche Adventsmarkt „Novemberklüngel“ statt. Außerdem dient das Rittergut Remeringhausen alljährlich als Kulisse für das sogenannte Scheunenfest, den Auftakt der beliebten RTL-Sendung „Bauer sucht Frau“. Tipp: Wer das Gut außerhalb einer Feierlichkeit oder Veranstaltung besuchen möchte, erhält nach vorheriger Absprache gerne eine Führung durch den wunderschönen Park und die Gebäude!

Die Anlage ist von einem im Stil der Weserrenaissance errichteten Schlösschen sowie einem barocken Herrenhaus geprägt und vollständig von einem breiten Wassergraben umgeben. Den Innenhof erreicht man über eine Brücke aus dem Jahr 1750 sowie ein Torhaus, das 1930 nach einem Brand wieder aufgebaut wurde. Über eine weitere Brücke gelangt man in den im Stil eines englischen Landschaftsgartens angelegten Park, dessen besonderer Reiz das Nebeneinander von zwei Kulturausprägungen ist. Auf der einen Seite die landwirtschaftliche Nutzung in Form eines Küchen- und Streuobstgartens, auf der anderen Seite die ästhetische Nutzung in Form eines Lustgartens – auf beiden Seiten eine Wohltat fürs Auge.

- Rittergut Remeringhausen, Heuerßer Straße 25, 31655 Stadthagen, Tel. (0 57 25) 70 11 88, www.gut-remeringhausen.de
- ÖPNV: S 1, RE 70, Lindhorst (b Stadthagen) Bahnhof; Bus 2004, 2008, 2014, BBUS, Haltestelle Heuerßen (ca. 12 Minuten Fußweg)

Pflanzenhof-
Stadthagen

Pack die Badehose ein …

56 Der Humboldtsee in Salzhemmendorf-Wallensen

Wer lieber in der freien Natur als in einem Freibad schwimmen geht, ist an einem Badesee genau richtig. Im Weserbergland bietet sich dafür der Humboldtsee im Flecken Salzhemmendorf, Ortsteil Wallensen, im Landkreis Hameln-Pyrmont an. Hier findet man Natur pur: Der Humboldtsee gehört zu den Duinger Teichen, vier im Wald gelegenen Teichen, die durch Wanderwege miteinander verbunden sind. Mit 65.000 Quadratmetern ist der Humboldtsee der größte der vier Seen und neben dem Bruchsee der einzige, in dem gebadet werden darf. Aber Achtung: Da es keine Badeaufsicht gibt, muss man selbst auf sich aufpassen.

In den 1960ern aus einem ehemaligen Braunkohle-Tagebaugebiet entstanden, ist der Humboldtsee heute Teil einer großen Freizeitparkanlage mit einem Campingplatz, mehreren Kinderspielplätzen und einem Restaurant. Der See stellt ein echtes Paradies für Wasserfreunde dar: Mehrere Badestege sowie eine Badeinsel laden zum Schwimmen ein; darüber hinaus kann man hier aber auch rudern, angeln und tauchen. Action ist also immer angesagt! Der große, aufgeschüttete Sandstrand sowie zahlreiche Liegewiesen rund um den See bieten genügend Platz zum Entspannen, die umliegenden Wälder sind perfekt zum Spazierengehen und Wandern. Die Gastronomie am See, die Humboldtsee-Seeterrassen, sorgt mit internationalen Gerichten, Balkanspezialitäten, Kaffee und Kuchen für das leibliche Wohl. Hier kommt also wirklich jeder auf seine Kosten! Wer nicht so viel Trubel möchte, kann im Sommer erst später oder gegen Abend hinfahren, wenn es leerer wird.

Man kann auch etwas länger am Humboldtsee verweilen: Es gibt hier 500 Stellplätze für Wohnwagen, Wohnmobile oder Zelte – entweder mit direktem Seezugang oder am Waldrand. Wer sich sein eigenes Zuhause auf Zeit nicht mitbringen möchte, kann aber auch in einem der rustikalen Schlaffässer aus Kiefernholz oder in einem der Tiny-Wagen in märchenhafter Natur übernachten.

TIPP

Für Hundebesitzer: der Bruchsee in der Nachbarschaft.

● Humboldtsee, Humboldtsee 1, 31020 Salzhemmendorf-Wallensen,
Tel. (0 51 86) 95 71 40
www.campingpark-humboldtsee.de

Märchenhafte Ausblicke

57

Die Schaumburg bei Rinteln

Sie dient nicht nur für die Region, sondern auch für das berühmte Grafengeschlecht als Namensgeberin – die Rede ist von der Schaumburg. Vermutlich im 11. Jahrhundert erbaut, wurde sie bereits im 13. Jahrhundert zum Wahrzeichen des Schaumburger Lands und zum Stammsitz der Grafen von Schaumburg. Und bis heute befindet sie sich immer noch im Besitz des Hauses Schaumburg-Lippe. Dank ihrer exponierten Lage auf dem 225 Meter hohen Nesselberg im Wesergebirge, ca. 12 Kilometer von Rinteln entfernt, ist die Höhenburg schon von Weitem sichtbar und bietet traumhafte Ausblicke ins Wesertal.

Bereits die Anreise stellt ein kleines Abenteuer dar, denn die Straße zur Schaumburg führt in schmalen Serpentinen den Berg hinauf. Oben angekommen, können die Besucher ihr Auto auf einem kostenlosen Parkplatz direkt unterhalb der Burg abstellen. Dort steht auch die ca. 600 Jahre alte mächtige „Blutlinde", unter der früher Gerichtsverhandlungen abgehalten wurden. Die Burg selbst ist in eine tiefer gelegene Vor- und eine höher gelegene Hauptburg aufgeteilt. Durch das imposante Tor der Vorburg, in der sich heute eine Ferienwohnung befindet, führt ein kurzer Fußweg hinauf zur eigentlichen Hauptburg. Mit ihren alten Mauern und Türmen, dem mächtigen Bergfried und dem düsteren Burggefängnis ist die Burganlage heute größtenteils noch gut erhalten und entführt die Besucher in eine längst vergangene Zeit. Wer bekommt hier nicht märchenhafte Träume?

TIPP

Der Bergfried kann gegen eine kleine Gebühr als Aussichtsturm bestiegen werden.

Wer nach dem Besuch der Schaumburg Hunger verspürt, kann im direkt gegenüberliegenden Hotel-Restaurant Schaumburger Ritter speisen, das gehobene internationale Küche bietet. Und wer noch eine Wanderung unternehmen möchte, der erreicht in ungefähr 30 Minuten das Restaurant Paschenburg, das im Sommer mit einer atemberaubenden Panoramaterrasse lockt.

- Burg Schaumburg, Burgstraße 1, 31737 Rinteln
- ÖPNV: Bus 812AL, Haltestelle Ri-Schaumburg, Rosental (ca. 20 Minuten Fußweg)

Ein Hauch Mittelmeer

58

Der Palmengarten im Kurpark in Bad Pyrmont

Im Herzen von Bad Pyrmont liegt der historische Kurpark – eine Mischung aus streng barockem Alleensystem und englischem Landschaftsgarten. Der Park soll vor allem bei der Gesundung der Körper und Seelen der Kurgäste helfen, aber auch andere Besucher finden in der prämierten Anlage Ruhe und Entspannung. Der Kurpark wurde nämlich nicht nur 2005 zum „Schönsten Park Deutschlands" gewählt, sondern lag beim Wettbewerb „Schönster Park Europas 2006" auf einem der ersten Plätze – von einer Fachjury gekürt! Deshalb verwundert es auch nicht, dass der Park im Sommer als Kulisse für zahlreiche Open-Air-Veranstaltungen dient.

Das Herzstück des Parks ist der außergewöhnliche Palmengarten – die größte Palmenfreianlage nördlich der Alpen. Wer unter Palmen sitzen und entspannen möchte, braucht also nicht unbedingt ans Mittelmeer oder in die Karibik zu fahren, es reicht ein Ausflug ins Weserbergland! Schon beim Betreten des Palmengartens werden die Besucher in eine andere, exotische Welt versetzt. Durch den Blütenduft, die subtropischen Pflanzen sowie das Plätschern der Springbrunnen und Fontänen wurde die Illusion einer südlichen Welt geschaffen.

Der Palmengarten wurde Anfang des 20. Jahrhunderts vom damaligen Hofgartendirektor Werner Dirks errichtet; im Jahr 1913 wurden hier bereits die ersten Palmen aufgestellt. Im Laufe der Jahre kamen dann durch Ankäufe und Schenkungen immer mehr dazu. Heute sind hier rund 300 Palmen sowie über 200 subtropische Kübelpflanzen zu finden. Gegen einen kleinen Eintrittspreis (aktuell regulär 3,50 Euro für Erwachsene) kann man viele interessante Exemplare bestaunen: z. B. die älteste Palme „Leo", die auf über 300 Jahre geschätzt wird, oder die mit über 10 Metern und gut 8 Tonnen höchste und schwerste Palme der Anlage. Im Winter ziehen die Palmen übrigens in ein Palmenhaus um, das ebenfalls besichtigt werden kann.

TIPP

Am schönsten ist ein Besuch des Palmengartens an einem warmen sonnigen Sommertag!

● Palmengarten im Kurpark Bad Pyrmont, Heiligenangerstraße 6, 31812 Bad Pyrmont, https://kurpark-pyrmont.staatsbad-pyrmont.de
● ÖPNV: S 5, Bad Pyrmont Bahnhof; Bus 30, 61, 62, 63, 700, Haltestelle Bad Pyrmont Untere Hauptallee (ca. 5 Minuten Fußweg)

Scharfe Erfolgsgeschichte

59

Die Einbecker Senfmühle

Senf hat in Einbeck eine lange Tradition – bereits im Jahr 1923 betrieb die Familie Dähnhardt hier eine Senfmühle, die für ihre hochwertigen, nach eigenen Hausrezepten hergestellten Senfprodukte bekannt war. Seit 2010 findet man in der historischen Altstadt nun wieder eine Senfmühle, die sich dieser Tradition verpflichtet fühlt und Senf in bester Qualität herstellt. Im Kontor in der Knochenhauerstraße finden die Kunden außergewöhnliche Sorten wie Chili-, Kräuter-, Trauben-, Honig- oder Buttersenf, und sogar einen Bockbiersenf, der gleich zwei aus Einbeck stammende Spezialitäten vereint. Darüber hinaus gibt es im Kontor auch Senfsaaten, Senfliteratur und leckere Geschenkideen. Unter der gemeinsamen Marke „Kostbares Südniedersachsen" werden zudem hochwertige regionale Produkte anderer Produzenten vertrieben, wie z. B. die Bio-Produkte der Ölmühle Solling. Außerdem finden hier regelmäßig Verkostungen (nach Voranmeldung) statt: Dabei können die Teilnehmer mehr über die Firmengeschichte der Einbecker Senfmühle, Wissenswertes rund um den Senf sowie die Besonderheiten der Einbecker Senfe erfahren.

Hier ist nämlich wirklich nur das im Glas, was auch draufsteht: Als Rohstoffe werden nur hochwertige, regionale Zutaten in ökologischer Qualität verwendet. Ebenso setzt die Einbecker Senfmühle auf ein schonendes, traditionelles Herstellungsverfahren: Die gesäuberten Senfkörner werden zunächst geschrotet und mit Weinessig, Wasser, Salz und Gewürzen zu Senfmaische verarbeitet. Nach ein bis zwei Tagen Zeit zum Quellen folgt eine schonende, mehrstufige Kaltvermahlung, damit alle wichtigen Inhalts- und Geschmacksstoffe vollständig erhalten bleiben. Anschließend ruht der Senf mehrere Wochen lang in Fässern, bevor er per Hand in Gläser und Steinzeugtöpfe umgefüllt wird. Dies macht den Einbecker Senf zu etwas ganz Besonderem. Und das schmeckt man auch: Die Einbecker Würzsenfe beweisen nämlich, welche Geschmacksvielfalt traditionell hergestellte Senfe aufweisen können!

- Einbecker Senfmühle, Knochenhauerstraße 26/28, 37574 Einbeck, Tel. (0 55 61) 97 16 73, www.einbeckersenf.de
- ÖPNV: RB 86, Haltestelle Einbeck Mitte (ca. 8 Minuten Fußweg)

kaffee
EINBECKER PREMIUM MELANGE
SPECIAL BLEND #1
HANDGERÖSTET
Würzöl BASILIKUM
Öl WALNUSS
Würzöl ZWIEBEL
Öl SENF
Würzöl KRÄUTER
Würzöl BÄRLAUCH
Würzöl WILD
Back mal!
BAUERNBROT
BESTE ZUTATEN AUS SÜDNIEDERSACHSEN
1000 g
Back mal!
BAGUETTE
BESTE ZUTATEN AUS SÜDNIEDERSACHSEN
1000 g
Imkerei Oberweser
Frühjahrsblütenhonig
500 Gramm
Imkerei Oberweser
Sommerblütenhonig
500 Gramm
Imkerei Oberweser
Akazienhonig
500 Gramm
Imkerei Oberweser
Lindenblütenhonig
500 Gramm
Imkerei Oberweser
Kornblumenhonig
500 Gramm
SENF
SENF
SENF
SENF
EINBECKER SENF
EINBECKER SENF
EINBECKER SENF

1000 Jahre Frauengeschichte

60 Das Damenstift Fischbeck in Hessisch Oldendorf

Zwischen Hameln und Hessisch Oldendorf liegt eines der ältesten Damenstifte der Region. Seit mehr als tausend Jahren leben im Stift Fischbeck schon ununterbrochen Frauen. Im Jahr 955 gründete die Edelfrau Helmburg das Stift als Ort des Gedächtnisses und der Fürbitte für die Verstorbenen von adeligen Familien. König Otto I. schenkte ihr das Grundstück, übergab ihr die Gründungsurkunde und stellte es unter seinen Schutz. Früher lebten hier meist zwölf Frauen; aktuell bilden neun Frauen eine christliche Lebens- und Arbeitsgemeinschaft – und tragen so zur Erhaltung dieses besonderen Orts bei.

Stift Fischbeck ist ein großartiges Zeugnis mittelalterlicher Klostertradition und deshalb ein ideales Ausflugsziel für Kulturliebhaber – und ein Ort der Begegnung, an dem regelmäßig Veranstaltungen wie Orgelkonzerte stattfinden. Die Stiftskirche versteht sich als offene Kirche und steht immer sonntags zur Einkehr und zum Gebet offen. Hier kann man sich eine Ruhepause gönnen. Wer neben der Stiftskirche auch noch die historischen Gemäuer sowie die grünen Gärten besichtigen möchte, kann an einer öffentlichen Führung teilnehmen. Ein fachkundiger Gästeführer vermittelt den Besuchern spannende Einblicke in die lebendige Geschichte und Gegenwart des Stifts. Die Teilnehmer können u. a. den berühmten Fischbecker Wandteppich mit der Gründungslegende des Stifts sowie eines der schönsten barocken Orgelgehäuse Norddeutschlands bestaunen. Die Führungen finden ab Ostern bis Ende Oktober statt und starten am Torhaus. Dort befindet sich auch der Stiftsladen, in dem die Besucher nicht nur die Eintrittskarten für die Führungen, sondern auch lesenswerte Literatur über das Stift und das geistliche Leben erwerben können.

Zudem befindet sich Stift Fischbeck an einem bekannten Pilgerweg zwischen den Klöstern Loccum und Volkenroda – und ist deshalb auch eine beliebte Pilgerstation. Aber nicht nur Pilger, sondern auch andere Besucher können länger hier verweilen. Dafür steht eine extra Ferienwohnung auf dem Gelände zur Verfügung. Einkehren und Ruhe finden – Stift Fischbeck bietet dafür die besten Voraussetzungen.

- Stift Fischbeck, Im Stift 6a, 31840 Hessisch Oldendorf, Tel. (0 51 52) 86 03
  www.stift-fischbeck.de
- ÖPNV: Bus 20, 25, Haltestelle Fischbeck (Weser) Stiftstraße

Immer der Nase nach

61 Duftender Stadtrundgang durch Holzminden

Im Zentrum des Weserberglands, direkt an der Weser, liegt die beschauliche Stadt Holzminden. Hier hat die Firma Symrise ihren Sitz, einer der weltweit größten Hersteller von künstlichen Geruchs- und Geschmacksstoffen – weshalb Holzminden überregional auch als „Stadt der Düfte und Aromen“ bekannt ist. In Holzminden können Besucher das Weserbergland mal mit der Nase entdecken und in die Welt der Düfte und Aromen eintauchen. Sie können entweder an einem geführten „Duftenden Stadtrundgang“ teilnehmen (immer samstagvormittags von April bis Oktober) oder die Innenstadt auf eigene Faust erkunden. Dafür wurden an verschiedenen Orten im Stadtzentrum insgesamt 17 Duft-stelen aus Edelstahl mit Infotafeln aufgestellt. An jeder Stele gibt es nicht nur interessante Informationen über den jeweiligen Duft, sondern auch über den Standort und die Sehenswürdigkeiten in der Nähe – so lernen Besucher gleichzeitig auch die markanten Plätze und die Geschichte der Stadt vom Mittelalter bis in die Gegenwart kennen.

Wer die Deckel mit dem roten Knauf anhebt, kann unterschiedliche Aromen wie Pfefferminze, Weihrauch oder Bratzwiebel erschnuppern. Am Duftbrunnen in der Fußgängerzone duftet es stets nach den gerade blühenden Pflanzen, während die Duftstele am Markt Düfte je nach Aktualität verströmt: Hier riecht es im Winter z. B. nach Zimt, in der Erdbeersaison nach Erdbeeren oder eben nach dem, was gerade aktuell ist. Natürlich darf auch Vanilleduft nicht fehlen, schließlich wurde in Holzminden im Jahr 1874 die erste künstliche Vanille, das Vanillin, erfunden. Heute stellt dies den mengenmäßig wichtigsten Aromastoff dar – es wird u. a. in Zucker, Backwaren, Eis oder als Duftstoff für Parfüms verwendet. Wer ein besonderes Andenken an den Besuch in Holzminden mitnehmen möchte, der kann die Duftstoffe im Stadtmarketing-Büro in kleinen Flaschen abgefüllt käuflich erwerben!

TIPP

Beim „Bunten Markt der Düfte und Aromen“ gibt es jährlich im Sommer ein aromatisches Geschmackserlebnis!

- Stadtmarketing Holzminden, Markt 2, 37603 Holzminden, Tel. (0 55 31) 99 29 60 www.stadtmarketing-holzminden.de
- ÖPNV: RB 84, Holzminden Bahnhof; Bus 520, 521, Haltestelle Holzminden Johannismarkt

Grossformat - Farbdrucke bis DIN A1 +
PC - Systeme neu / gebraucht
Monitore und Drucker
Folien - Beschriftung
DSL - Internetzugang
38
A.A.C.
EDV: Handel und Schulung
KLIMASTREIK
25.09
Der Duftbrunnen
HOLZMINDEN
Geranium
Zum Riechen Deckel anheben!

Vom Kanal hinab zur Weser

62 Die Schachtschleusen in Minden

Streng genommen liegt die ostwestfälische Stadt Minden zwar schon außerhalb des Weserberglands, aber ihr großes Wasserstraßenkreuz, an dem sich Mittellandkanal und Weser kreuzen, soll trotzdem nicht unerwähnt bleiben. Die Schleusung eines Binnenschiffs ist ein faszinierendes Schauspiel – nicht nur für Kinder. Bei jeder Schleusung werden gigantische Wassermassen bewegt, um den Höhenunterschied zwischen dem Mittellandkanal und der ca. 13 Meter tiefer gelegenen Weser auszugleichen. Dieses Spektakel können Besucher zwar auch vom Land aus beobachten; noch schöner ist es aber, eine Schleusung „hautnah" auf einem Schiff der Mindener Fahrgastschifffahrt zu erleben!

Zwischen 1911 und 1914 als Nordabstieg zur Weser gebaut, stellte die historische Schachtschleuse in Minden die kürzeste Verbindung zwischen dem Mittellandkanal und der Weser dar. Da ihre Maße allerdings nicht mehr den heutigen Anforderungen und Ausmaßen der zu schleusenden Schiffe entsprechen, wurde 2017 direkt daneben eine neue breitere Schleuse in Betrieb genommen. Durch ihre Kammer mit mehr als 130 Metern Länge können nun größere Schiffe geschleust werden – so erhält u. a. Bremen einen Zugang zum Mittellandkanal, der von großen Schiffen befahren werden kann.

Die charmante, alte Schachtschleuse mit ihren zwei Türmen steht bereits seit 1987 unter Denkmalschutz und gilt als technische Attraktion in Minden. Wer mehr über die beiden Schleusen und das große Wasserstraßenkreuz in Minden erfahren möchte, findet direkt an der Schachtschleuse ein Informationszentrum mit einer umfangreichen Ausstellung. Während das Informationszentrum nur saisonal (von April bis Oktober) geöffnet hat, kann die Schachtschleuse hingegen ganzjährig besucht werden. Sie stellt eines der bedeutendsten Zeugnisse der Industriekultur der Region dar und sollte deshalb bei keinem Minden-Besuch fehlen! Also, Schiff ahoi!

TIPP

Am nahe gelegenen Wasserstraßenkreuz wird der Mittellandkanal in Trogbrücken über die Weser geführt.

● Schachtschleusen Minden, Sympherstraße, 32425 Minden
● ÖPNV: IC, RE 6 (RRX), S 1, RE 60, RE 70, RE 78, Minden (West) Bahnhof; Bus 15, 507, 508, 600, Haltestelle Agentur für Arbeit, weiter mit Bus 477, 478, 501, 502, Haltestelle Nordfriedhof

Das weiße Gold der Weser

63 Porzellanmanufaktur & Museum Schloss Fürstenberg

Gerade in unserer heutigen schnelllebigen Zeit haben viele Menschen den Wunsch, Dinge zu besitzen, die mit Sorgfalt und Leidenschaft gefertigt wurden. Hier kommt das edle Manufakturporzellan aus dem südniedersächsischen Fürstenberg – das als „weißes Gold der Weser" beworben wird – ins Spiel. Die Porzellanmanufaktur Fürstenberg steht für mehr als 270 Jahre Porzellankunst im Weserbergland. Bereits 1747 gegründet, ist sie die zweitälteste und bis heute am selben Standort produzierende Porzellanmanufaktur Deutschlands!

Seit 1957 ist im ehemaligen Jagdschloss der Braunschweiger Herzöge, das direkt an der Deutschen Märchenstraße mit Blick auf die Weser gelegen ist, ein Museum untergebracht. Hier kann man sich auf eine Zeitreise begeben, in der drei Jahrhunderte Porzellangeschichte lebendig werden – von den Anfängen der Porzellanmanufaktur in Fürstenberg bis in die Gegenwart. Besucher erfahren mehr über die Hintergründe der Porzellanherstellung und können an sogenannten Hands-on-Stationen – nach dem Motto „Anfassen ist erlaubt" – selbst aktiv werden. Darüber hinaus weihen die „Porzelliner" in der Besucherwerkstatt anhand kleiner praktischer Arbeiten in einige Geheimnisse ihrer Handwerkskunst ein.

Beim Manufaktur-Werksverkauf, dem flächenmäßig größten Fachgeschäft für Fürstenberg-Porzellan weltweit, können sich die Besucher Anregungen für die Tischkultur im eigenen Zuhause holen – und natürlich das edle Porzellan käuflich erwerben. Dies geht aber genauso gut über den Online-Shop. Wer möchte, kann viele individuelle Wünsche umsetzen lassen: Von eigenen Initialen und Logos über individuelle Dekore bis hin zu exklusiv gestalteten Geschirr- und Objektformen ist hier vieles möglich! Eine kulinarische Pause können die Besucher im Bistro Carl einlegen. Im modernen Ambiente mit Blick auf das Museum und die Weser werden hier wechselnde, regionale und saisonale Gerichte sowie hausgemachte Kuchen und ausgewählte Kaffeespezialitäten serviert – natürlich stilecht auf verschiedenen Porzellanen von Fürstenberg!

- Museum Schloss Fürstenberg, Meinbrexener Straße 2, 37699 Fürstenberg, Tel. (0 52 71) 40 10, www.fuerstenberg-porzellan.com
- ÖPNV: Bus 556, Haltestelle Fürstenberg (Weser) Fabrik

MANUFAKTUR WERKSVERKAUF

Essen mit Ausblick

64 Die Paschenburg bei Rinteln

Bereits von Weitem sieht man die Paschenburg oberhalb der Schaumburg auf dem 336 Meter hohen Mönchsberg thronen, der höchsten Erhebung des Wesergebirges. Der Name ist allerdings etwas irreführend, da die Paschenburg eigentlich keine Charakteristiken einer Burg aufweist. Das ehemalige Forsthaus wurde 1842 vom damaligen Revierförster Carl Kayser erbaut und erinnert von außen eher an ein kleines Jagdschloss. Heute beherbergt das Gebäude ein Panorama-Restaurant, in dem deutsche Küche mit internationalen Einflüssen sowie regionale und saisonale Spezialitäten serviert werden. Komplettiert wird dies durch eine gute Weinauswahl von über 50 Sorten aus aller Welt.

In der Paschenburg werden die Gäste aber nicht nur kulinarisch, sondern auch mit einem traumhaften Panoramablick verwöhnt. Von der höchsten Aussichtsterrasse im Weserbergland bietet sich eine herrliche Perspektive auf das Wesertal zwischen Hameln und Rinteln. Die Kombination aus historischem Gemäuer, klarem Rundblick, stilvoller Atmosphäre und moderner Küche bietet ein besonderes Erlebnis. Deshalb eignet sich die Paschenburg auch besonders für Feierlichkeiten aller Art. Neben dem eigentlichen Restaurant stehen dafür auch noch ein gemütlicher Wintergarten sowie ein Separee zur Verfügung. Und im Sommer lädt die schöne Aussichtsterrasse zusätzlich zum Verweilen ein.

TIPP
Auch ein Besuch der nahen Schaumburg, der Bildhauerwerkstatt und der Kriegsgräberstätte lohnt sich!

Übrigens: Einen Besuch der Schaumburg und der Paschenburg kann man super miteinander verbinden; es existiert ein ca. 1,5 Kilometer langer Rundwanderweg zwischen den beiden Burgen, auf dem man sich ins Mittelalter träumen kann. Die Paschenburg ist generell ein gut erreichbares Ziel für Wanderer, da sie direkt am beliebten Weserbergland-Weg sowie einigen weiteren Fernwander- und Pilgerwegen liegt. Aber keine Sorge: Wer keine Lust auf eine Wanderung hat, kann auch mit dem Auto bis zur Paschenburg fahren und direkt dort parken.

- Restaurant Paschenburg, Paschenburg 1, 31737 Rinteln, Tel. (0 51 52) 25 47
www.restaurant-paschenburg.de
- ÖPNV: Bus 20, 23, 25, Haltestelle Fischbeck (Weser) Paschenburg

Paschenburg
RESTAURANT PASCHENBURG
König Pilsener

Verwunschene Bäume

65 Die Süntelbuchenallee im Kurpark Bad Nenndorf

Im historischen Kurpark der Stadt Bad Nenndorf können die Besucher über 200 Jahre alte Rotbuchen, seltene Taschentuchbäume oder gigantische chinesische und amerikanische Mammutbäume bestaunen. Das Highlight ist und bleibt aber die Süntelbuchenallee. Die 500 Meter lange Allee, die gut hundert Süntelbuchen umfasst, ist nicht nur das Wahrzeichen von Bad Nenndorf und ein bedeutendes Naturdenkmal, sondern auch die größte Süntelbuchenallee Deutschlands sowie die einzige Formation dieser Art von Süntelbuchen weltweit!
Die Allee wurde zwischen 1902 und 1910 vom Bad Nenndorfer Gartenbaumeister Carl Thon angelegt und 2013 mit viel Liebe zum Detail renaturiert. Heute ziehen die Süntelbuchen die Parkbesucher in ihren Bann: Nicht nur Kinder, sondern auch Erwachsene stehen staunend vor der Formation krummer Bäume. Doch was ist eine Süntelbuche eigentlich genau? Nun, eine seltene Form der Rotbuche mit verdrehten, miteinander verwachsenen Ästen und kurzen, drehwüchsigen Stämmen. Die Süntelbuche wächst mehr in die Breite als in die Höhe – und erreicht deshalb selten eine Höhe über 15 Meter. Ihre ungewöhnliche Form wird von einem Gendefekt verursacht, dessen Ursache bis heute ungeklärt ist. Im Volksmund gelten die skurrilen Bäume oft als verwunschen und werden deshalb auch als „Hexenholz" bezeichnet. Doch man kommt hier nicht ins Gruseln, wenn man durch diese wildwachsende Allee schlendert – man muss einfach nur staunen und fühlt den Zauber, den die Bäume ausstrahlen.
Der offizielle Name der Bäume geht auf ihren Ursprung im Süntel zurück, einem kleinen Höhenzug ca. 15 Kilometer südwestlich von Bad Nenndorf. Dort gab es bis Mitte des 19. Jahrhunderts einen der größten Süntelbuchenwälder Europas. Er wurde im Zuge einer Neuaufteilung der Land- und Forstwirtschaftsflächen gerodet, da das Holz der Süntelbuchen keinen forstwirtschaftlichen Wert besitzt. Heute findet man hier an rund 50 Standorten nur noch vereinzelte Exemplare oder kleine Baumgruppen. Umso mehr ist die Süntelbuchenallee etwas ganz Besonderes!

- Süntelbuchenallee, Kurpark Bad Nenndorf, Parkstraße, 31542 Bad Nenndorf
- ÖPNV: S 1, S 2, Bad Nenndorf Bahnhof; Bus BBUS, 2004, 2014, 2015, 2016, 2602, Haltestelle Bad Nenndorf Tennisplätze (ca. 4 Minuten Fußweg)

Der Weg ist das Ziel

66 Der Rintelner Klippenturm

Auf dem bewaldeten Berg Luhdener Klippen im niedersächsischen Landkreis Schaumburg steht der älteste Aussichtsturm des Weserberglands: der Rintelner Klippenturm. Im Jahr 1889 vom Rintelner Verschönerungsverein mit dem Vorsatz gebaut, eine touristische Attraktion und ein zu erwanderndes Ziel zu bieten, ist der Klippenturm im Laufe der Zeit zu einer Art Wahrzeichen der Stadt Rinteln geworden. Nachts leuchtet der Turm hell angestrahlt bis weit in die Ebene und in der Vorweihnachtszeit verwandelt er sich alljährlich in eine weithin sichtbare Adventskerze.

Heute stellt der Rintelner Klippenturm vor allem ein beliebtes Ausflugsziel hoch oben im Wald dar. Allerdings nur für Wanderer oder Radfahrer, mit dem Auto ist der Turm nicht zu erreichen. Zum Glück, denn so kann man die Ruhe der Natur noch besser genießen. Der Klippenturm kann z. B. von Rinteln oder von Luhden aus gut erwandert werden. Genug Parkmöglichkeiten finden sich u. a. beim Waldkater in Luhden (unter der Autobahn A2), beim Bremer Schullandheim in Rinteln oder in Steinbergen. Alle Wanderwege sind gepflegt, meist ausreichend beschildert und mit einigen Bänken und Hütten für eine kurze Pause zwischendurch ausgestattet.

Zwar führt der Weg fast die ganze Zeit bergauf (ca. 241 Höhenmeter sind zu überwinden) und man kann durchaus ins Schwitzen geraten, dies tut der Gesundheit aber gut! Und die Anstrengung lohnt sich, denn oben wird man mit einer tollen Aussicht auf Rinteln, die Norddeutsche Tiefebene und das westliche Weserbergland belohnt. Wer noch Kraft übrig hat, kann die Aussichtsplattform des 19,8 Meter hohen Turms erklimmen – und sich dafür am wunderschönen Rundumblick erfreuen. Nach dem Abstieg kann man sich in der am Turmfuß gelegenen, rustikalen Gaststätte mit kühlen Getränken sowie Kuchen, Suppe, Würstchen, hausgemachtem Kartoffelsalat oder einem belegten Brot stärken.

● Klippenturm, 31737 Rinteln, Tel. (0 57 51) 1 44 88 (Gaststätte)
www.klippenturm.de

Eine wechselvolle Geschichte

67 Das Weserrenaissance-Schloss Bevern

Nirgendwo sonst in Deutschland gibt es so viele Renaissanceschlösser und -bauten wie im Weserbergland. Dort entstand zwischen 1520 und 1620 zu beiden Seiten der Weser eine eigenständige regionale Architektur, die Elemente der italienischen und westeuropäischen Renaissance miteinander verband. Eines der bedeutendsten Baudenkmäler der Weserrenaissance ist das Schloss im Flecken Bevern im südniedersächsischen Landkreis Holzminden. Die symmetrische Vier-Flügel-Anlage wurde 1603 bis 1612 nach den Vorgaben des Bauherrn Statius von Münchhausen um einen quadratischen Innenhof errichtet und ist von einem Wassergraben und einem idyllischen Park umgeben. Zwei steinerne Brücken führen zu den Toren der Anlage, die für Besucher das ganze Jahr zugänglich ist.

TIPP

Von April bis Oktober kann man auch an einer öffentlichen Schlossführung teilnehmen!

Das Schloss kann auf eine sehr wechselvolle Geschichte zurückblicken: So wurde es im Laufe der Jahrhunderte u. a. als Erziehungsanstalt für Kinder und Jugendliche, als Pensionärssitz, als Schulungszentrum der SA sowie als Flüchtlingsunterkunft und als Möbellager genutzt. Im Jahr 1986 übernahm dann der Landkreis Holzminden das Schloss, ließ es liebevoll restaurieren und zu einem regionalen Kulturzentrum für Ausstellungen und Veranstaltungen umbauen. Heute ist das Schloss wieder ein Ort kulturellen Lebens. Seit 2008 befindet sich hier die „Erlebniswelt Renaissance“, in der die Besucher an 19 multimedialen Stationen das Leben von Statius von Münchhausen kennenlernen können – einem Adligen, der es erst zu einem großen Vermögen brachte, später aber wieder alles verlor. Zudem ist hier bereits seit 1978 das Heimatmuseum der Samtgemeinde Bevern untergebracht, das zahlreiche Gegenstände umfasst, die vom früheren Leben, Wohnen und Arbeiten der Menschen in Bevern zeugen. Die historische Schlosskapelle im Südflügel ist darüber hinaus ein traumhafter Ort für standesamtliche und kirchliche Trauungen und bietet Sitzplätze für ca. 145 Personen.

- Weserrenaissance-Schloss Bevern, 37639 Bevern, Tel. (0 55 31) 70 71 09
  www.schloss-bevern.de
- ÖPNV: Bus 528, 530, 531, Haltestelle Bevern (Kr Holzminden) Schloss

Reise in die Tiefe

68

Die Schillat-Höhle in Hessisch Oldendorf

Unter dem Süntel-Gebirge in Hessisch Oldendorf verbirgt sich in 45 Metern Tiefe Deutschlands nördlichste Tropfsteinhöhle. Die Schillat-Höhle, eine Schauhöhle mit Tropfsteinformationen, wurde 1992 vom Sprengmeister Hartmut Brepohl beim Abbau von Korallenoolith, woraus Baukalk für den Straßenbau gewonnen wird, entdeckt. Sie ist allerdings nach dem Sinterchronologen Bodo Schillat benannt, der dort bereits 1969 eine andere Tropfsteinhöhle entdeckte, die sogenannte Riesenberghöhle. Diese Höhle ist geologisch besonders bedeutungsvoll und wurde deshalb unter Naturschutz gestellt und wieder verschlossen. Die Schillat-Höhe wurde hingegen zu einer Schauhöhle ausgebaut und ist seit 2004 im Rahmen von spannenden Führungen für Besucher zugänglich.

TIPP

Da hier eine Temperatur von 8 Grad herrscht: Auf warme Kleidung und festes Schuhwerk achten!

Die Schillat-Höhle lädt zu einer geologischen Entdeckungsreise in die Vergangenheit ein und stellt somit ein lohnenswertes Ausflugsziel für Groß und Klein dar. Die Reise in die Vergangenheit beginnt mit einer Fahrt in einem verglasten Aufzug bis in eine Tiefe von 45 Metern, bei der die Besucher die verschiedenen Erdschichten bestaunen können. Unten angekommen, markieren facettenreiche Felsmalereien den Weg in die 180 Meter lange Haupthöhle. Funkelnde Kristalle, leuchtende Steine und bizarre Tropfsteinformationen sorgen für eine mystische Atmosphäre. Im Deutschen Archiv für Sinterchronologie, das sich ebenfalls in der Schillat-Höhle befindet, werden zahlreiche Fundstücke wie verschiedene Gesteinsarten, Mineralien, Tropfsteine, Fossilien, Sinterperlen und sogenannte Korallen (seltene Kalzitkristalle) in Vitrinen ausgestellt. Zur ca. einstündigen Führung gehört auch eine 3D-Diaschau, in der Bilder aus der nahe gelegenen, aber nicht öffentlich zugänglichen Riesenberghöhle gezeigt werden.

Wieder zurück an der Erdoberfläche – und in der Gegenwart – lohnt sich ein Besuch des angrenzenden Cafés und Biergartens. Mit Blick auf den noch aktiven Steinbruch können Besucher hier regionale Küche genießen.

- natour.NAH.zentrum Schillat-Höhle, Riesenbergstraße 2a, 31840 Hessisch Oldendorf, Tel. (0 57 51) 40 39 80, www.schillathoehle.de
- ÖPNV: RB 77, Hessisch Oldendorf Bahnhof, weiter mit Bus 27, Haltestelle Langenfeld (Hessisch Oldendorf) Zu den Wasserfällen

SCHILLAT-HÖHLE

Über der Weser schweben

69 Der Weser-Skywalk in Beverungen

Einmal in luftiger Höhe über der Weser schweben – dieses besondere Erlebnis ist dank des Weser-Skywalks in Beverungen möglich. Die aus verzinktem Stahl errichtete Aussichtsplattform auf zwei Ebenen, von denen eine 5 Meter über die Klippe ragt, bietet ein fantastisches Panorama auf das Wesertal. Wer Höhenangst hat, sollte wissen, dass er sich hier in luftiger Höhe auf einer Plattform mit offenen Gitterrosten befindet. Es lohnt sich aber!

Der Weser-Skywalk befindet sich auf der östlichsten der Hannoverschen Klippen – einer einmaligen Formation aus Sandsteinfelsen, die nahe des Dreiländerecks Nordrhein-Westfalen, Niedersachsen und Hessen zwischen den Orten Würgassen und Bad Karlshafen bis zu 80 Meter über der Weser thronen. Der Skywalk hebt die Einzigartigkeit der Felsen hervor und macht sie erlebbar. Die Hannoverschen Klippen sind von einem Wald umgeben, der fast wie ein Urwald anmutet. Da an den steilen Hängen kaum forstliche Nutzung möglich ist, weisen viele der Bäume ein stolzes Alter von über 300 Jahren auf. Weil sich die südlich gelegenen Klippen zudem tagsüber stark aufheizen und die Wärme bis in die Nacht speichern, haben sich hier zahlreiche Schmetterlingsarten niedergelassen. Es wurden bereits mehr als 500 Arten nachgewiesen – sogar solche, die sonst eher wärmere Gefilde wie den Mittelmeerraum bevorzugen.

Wer gerne wandert, kann den Besuch des Weser-Skywalks mit einem idyllischen Rundweg verbinden: Vom Ortsende von Würgassen führt der Holzweg hinauf und bietet auf ca. 2 Kilometern interessante Infos zu den Themen Holz und Wald. Auf dem Rückweg kann man den Klippensteig nach Bad Karlshafen nehmen und der bildschönen Kurstadt einen Besuch abstatten. Für alle, die keine Wanderung machen möchten, gibt es aber auch Parkmöglichkeiten direkt am Einstieg zum Weser-Skywalk. Von dort führt ein ca. 300 Meter langer Pfad hinab zur Plattform, die das ganze Jahr über zugänglich ist. Der Eintritt ist frei.

- Weser-Skywalk, Hannoversche Klippen, 37688 Beverungen
- ÖPNV: RB 85, Bad Karlshafen Bahnhof (ca. 30 Minuten Fußweg)

Kultur in der Burg

70

Die Domänenburg in Aerzen

Den meisten wird der hübsche Flecken Aerzen sicherlich nicht viel sagen. Im Ortskern der kleinen Gemeinde im Landkreis Hameln-Pyrmont versteckt sich aber eine sehenswerte spätmittelalterliche Wasserburganlage. Die Burg Aerzen, die wegen ihrer früheren Funktion als Verwaltungssitz auch unter dem Namen Domänenburg bekannt ist, wurde erstmals 1293 urkundlich erwähnt, existierte aber vermutlich wohl bereits davor. Im Laufe der Jahrhunderte lebten hier diverse Adelige wie die Grafen von Everstein oder von Münchhausen. Heute gehört die Burg der Gemeinde. Dass das historische Bauwerk heute überhaupt noch existiert, ist dem Einsatz einiger engagierter Bürger zu verdanken, denn in den 1970ern war schon der Abriss geplant. Man entschied sich dann aber doch dazu, die Burg zu sanieren – und sie auf vielfältige Art und Weise zu nutzen. Heute dient die Domänenburg u. a. als Außenstelle des Standesamts Hameln-Pyrmont: Trauungen sind an diesem Ort noch romantischer. Die Burg ist außerdem Gemeindebücherei, Sitz verschiedener Vereine und Verbände sowie Mensabetrieb der umliegenden Schulen.

TIPP

Einen Ausflug nach Hameln mit einem Abstecher zur Domänenburg verbinden (ca. 15 Minuten mit dem Auto)!

Hauptsächlich wird die Domänenburg aber als Kulturzentrum genutzt: Hier finden regelmäßig Veranstaltungen aus den Bereichen Kabarett, Comedy, Theater, Kunstausstellungen sowie Folk-, Jazz-, Pop- und Klassikkonzerte statt. Um die Domänenburg noch stärker zu beleben, wurde im Jahr 2019 zudem das Restaurant Urgestein im Gewölbekeller der Burg eröffnet. Nun kann man hier also auch leckere Speisen und Getränke in besonderem Ambiente genießen.

Die Krönung des Besuchs auf der Domänenburg: ein Spaziergang durch die Außenanlagen der Burg. Der herrlich angelegte Domänenteich und der angrenzende Park laden zum Flanieren und Verweilen ein. Und die Aerzener verweisen hier mit einem Augenzwinkern auf die nahe gelegene berühmte Rattenfängerstadt Hameln: Auf einem Hinweisschild am Teich steht nämlich: „Aerzen hat leider keinen Rattenfänger, daher die Enten bitte nicht füttern.“

- Domänenburg Aerzen, Burgstraße 6, 31855 Aerzen, Tel. (0 51 54) 70 94 17
- ÖPNV: Bus 30, 34, 38, Haltestelle Aerzen Kirche

Kuss von Werra und Fulda

71

Der Weserstein in Hann. Münden

In Hannoversch Münden, der südlichsten Stadt Niedersachsens, vereinen sich Fulda und Werra zur Weser, die als längster innerdeutscher Fluss nach gut 450 Kilometern bei Bremerhaven in die Nordsee mündet. Deshalb ist der staatlich anerkannte Erholungsort auch als „Drei-Flüsse-Stadt" bekannt. Darüber hinaus ist Hannoversch Münden aber auch die Grabstätte von Doktor Eisenbarth, der im 17. Jahrhundert für seine Heilerfolge als fahrender Wundarzt und seine augenärztlichen Leistungen als Starstecher landesweiten Ruhm erlangte.

Nur wenige Gehminuten von der Altstadt entfernt – und deshalb perfekt für einen kleinen Abstecher geeignet – befindet sich auf dem Tanzwerder, einer zweigeteilten Flussinsel, eine beliebte Sehenswürdigkeit von Hannoversch Münden. Unter einer mächtigen Kastanie markiert ein 70 Zentner schwerer Gedenkstein den Ursprung der Weser. Gestiftet wurde der Stein bereits 1899 vom Mündener Unternehmer Carl Natermann und seinem Sohn, die auch den weit über die Grenzen Hannoversch Mündens hinaus bekannten Spruch auf dem Weserstein dichteten: „Wo Werra sich und Fulda küssen, sie ihre Namen büßen müssen, und hier entsteht durch diesen Kuss, deutsch bis zum Meer der Weser Fluss." Heute können die Besucher auf einer Bank unter der mächtigen Kastanie verweilen, dem Rauschen der Flüsse lauschen und die Besonderheit des Orts genießen: Denn Flüsse gehen zwar häufig ineinander über, treffen sich aber nur selten!

Seit dem Jahr 2000 steht nur wenige Meter neben dem „alten" Weserstein noch ein weiterer, „neuer" Gedenkstein als zeitgenössisches Pendant. Er wurde als Außenprojekt der EXPO 2000 aufgestellt und enthält eine ironisch-humorvolle Inschrift des Künstlers Nedko Solakow mit dem Titel „Der enttäuschte Fluss". Damit ist die Fulda gemeint, die enttäuscht ist, weil ihre Buchstaben beim Zusammenschluss mit der Werra vollkommen vernachlässigt wurden.

TIPP

Von Mai bis Oktober starten vom Weserstein täglich Schiffsrundfahrten.

● Weserstein, 34359 Hann. Münden

● ÖPNV: RB 83, RE 9, SEV 83, Hann. Münden Bahnhof; Bus 103, 104, 105, Hann. Münden Markt (ca. 6 Minuten Fußweg)

Schlemmen wie in Bayern

72

Das Grohnder Fährhaus in Emmerthal

Im Grohnder Fährhaus fühlt man sich fast wie in Bayern – obwohl man mitten im Weserbergland ist! Direkt am Weser-Radweg gelegen sowie mit einem eigenen Bootsanleger ausgestattet, stellt das Grohnder Fährhaus eine beliebte Anlaufstelle dar – egal ob von Land oder Wasser. Das Highlight des Grohnder Fährhauses ist der Paulaner Biergarten, aber auch das Wirtshaus lädt mit seinem rustikal-gemütlichen Ambiente zum Verweilen und Genießen ein.

Mit Blick auf die Weser können die Besucher hier traditionelle bayerische Wirtshausküche genießen. Auf der Speisekarte stehen vor allem deftige Klassiker wie Schweinshaxen, Rinderrouladen, Schnitzel und Münchner Weißwürste. Aber auch wer es nicht ganz so fleischlastig mag, wird hier fündig: Es gibt ebenfalls einige vegetarische Gerichte wie Grillgemüse oder Gemüsestrudel. Hinzu kommen unter der Woche verschiedene Tages-Specials, z. B. Brathendl, Spareribs oder Fisch. Am Nachmittag locken zudem hausgemachte Kuchen und Torten. Abgerundet wird das kulinarische Angebot durch Paulaner Bierspezialitäten, die gleich die bayerische Stimmung heben.

Außerdem ist das Grohnder Fährhaus auch eine begehrte Location für Feiern jeglicher Art: Im „Stüberl", den Sälen „Grohnde" und „Weser" sowie dem Raum „Ilsetal" können bis zu 200 Personen feiern. Die Räumlichkeiten sind zudem auch verschieden kombinierbar. Auch die Fährhaus-Alm, eine rustikale Almhütte auf dem Gelände des Grohnder Fährhauses, kann ganzjährig für Events gemietet werden. In der sogenannten Hüttenzauber-Saison (von November bis Februar/März) finden hier Partys in uriger Après-Ski-Atmosphäre statt. Wer nach einer Feier – oder generell – noch etwas länger bleiben möchte, der kann entweder sein eigenes Zuhause auf Rädern mitbringen und direkt neben dem Fährhaus auf dem Stellplatz für Wohnmobile parken oder ein Zimmer in dem seit November 2020 neu eröffneten Drei-Sterne-Superior-Hotel buchen.

TIPP

Von hier kann man gut das Weserbergland erkunden: Hameln ist z. B. nur etwa 10 Kilometer entfernt.

- Grohnder Fährhaus, Grohnder Fähre 1, 31860 Emmerthal, Tel. (0 51 55) 34 79 81 www.grohnder-faehrhaus.de
- ÖPNV: Bus 44, Haltestelle Grohnde Abzw. Grohnder Fähre

Mühlenfrische Bio-Produkte

73 Die Ölmühle Solling in Boffzen

Immer mehr Menschen achten auf eine gesunde Ernährung – und erkennen den Wert von Naturprodukten. Die Produkte der Ölmühle Solling, einer familiengeführten Bio-Manufaktur in Boffzen in der Nähe von Holzminden, werden selbst den hohen Ansprüchen gesundheitsbewusster Genießer gerecht. Das Motto der Ölmühle Solling lautet bereits seit ihrer Gründung im Jahr 1996 „Qualität statt Masse". Aus ökologisch angebauten Nüssen und Ölsaaten werden hochwertige Bio-Speiseöle, Essige und weitere Feinkostspezialitäten wie etwa Aufstriche, Pestos, Mehle und sogar Kosmetikprodukte hergestellt. Die Ölmühle ist mittlerweile vor allem für ihre Kokosprodukte bekannt: Diese reichen von Kokosölen und -fetten über Aufstriche bis hin zu Kokosfett-Kosmetik. Bei der Ölmühle Solling wird Wert auf handwerkliche Tradition gelegt: Dazu gehört die Auslese der Rohstoffe, die Ölgewinnung mit kleinen Spindelpressen und die Filtration und Abfüllung. Alle Öle werden schonend kaltgepresst, ohne chemische Behandlung, um den typischen Geschmack und die wertvollen Inhaltsstoffe bestmöglich zu erhalten.

TIPP

Wer ein besonderes Geschenk aus dem Weserbergland sucht, findet hier schön zusammengestellte Sets!

Die Ölmühle Solling legt aber nicht nur besonderen Wert auf hochwertige Naturprodukte, sondern auch auf Nachhaltigkeit und soziale Fairness. Die Gründer Gudrun und Werner Banesch waren lange Jahre als Entwicklungshelfer in Asien und Südamerika tätig und wissen deshalb aus eigener Erfahrung, dass nur langfristige und faire Handelsbeziehungen den Kleinbauern vor Ort Perspektiven bieten. Deshalb sind sie nicht nur Partner der Verbände Bioland und Naturland, sondern unterstützen auch zahlreiche Anbauprojekte auf internationaler Ebene.

In den Mühlenläden in Boffzen, Köln und Luzern (Schweiz) gewinnt man einen guten Eindruck von der Vielfalt der Bio-Ölspezialitäten, denn hier kann man die Produkte ausgiebig probieren sowie umfangreiche Infos, Rezeptideen und Verwendungstipps erhalten. In Boffzen kann man außerdem einen idyllischen Schaugarten besuchen.

- Ölmühle Solling, Höxtersche Straße 3, 37691 Boffzen, Tel. (0 52 71) 96 66 60 www.oelmuehle-solling.de
- ÖPNV: R 21, R 22, R 90, RB 84, HX 1, HX 2, HX 3, HX 4, HX 5, Höxter Rathaus Bahnhof; Bus 556, Haltestelle Boffzen Mühlengrube (ca. 13 Minuten Fußweg)

Schönster Blick über den Ith

74

Der Ithturm bei Salzhemmendorf

Wanderungen haben zu jeder Jahreszeit ihren Reiz – eines von vielen wunderbaren Zielen im Weserbergland ist der zwischen Lauenstein und Bisperode in Niedersachsen gelegene Ithturm. Der ursprünglich 1885 als Holzturm erbaute Aussichtsturm wurde 1912 aus Dolomitsteinen neu gebaut und ist heute ein beliebtes Ziel bei Wanderern.
Die Aussicht von diesem 13,8 Meter hohen Turm sollte man bei einer Tour auf dem Ith – einem etwa 22 Kilometer ausgedehnten Höhenzug im Weserbergland – auf keinen Fall verpassen. Er befindet sich auf dem Lauensteiner Kopf, der mit 439 Metern höchsten Erhebung des Ithkamms. Dieser Teil des Iths wird Krüllbrink genannt, weshalb der Turm im Volksmund auch unter dem Namen „Krüllbrinkturm" bekannt ist. Über eine schmale Wendeltreppe im Inneren mit ca. 60 Stufen erreicht man die Aussichtsplattform, die für Besucher ständig geöffnet und kostenlos zugänglich ist. Da der Turm über die weiten Baumkronen des umliegenden Walds hinausragt, bieten sich von hier atemberaubende Ausblicke über große Teile des umliegenden Weserberglands. Bei gutem Wetter kann man zudem die Segelflieger vom Flugplatz gegenüber beobachten, die einem hier quasi direkt über den Kopf fliegen. Bänke und Tische am Fuß des Turms laden zu einer Verschnaufpause sowie zu einem lauschigen Picknick ein. In der Nähe befinden sich außerdem die Bisperoder Klippen, die neben dem Hohenstein ein begehrtes Ziel bei Kletterern in dieser Region sind.
Vom Wanderparkplatz Ithkamm an der L425 führt ein schmaler Wanderweg auf etwa 3 Kilometern bergauf über den Ithkamm direkt zum Aussichtsturm. Während des Spaziergangs auf dem Ithkammweg hat man zahlreiche Gelegenheiten, bizarre Felsformationen zu bestaunen oder die Blicke von vielen Klippen ins Tal schweifen zu lassen. Im Frühjahr ist es hier besonders schön, da der kalkhaltige Waldboden dann von unzähligen Pflanzen und Blumen bedeckt ist (vor allem von Bärlauch). Auch der Ausblick vom Ithturm ist zu dieser Zeit sehr reizvoll!

● Ithturm, 31863 Salzhemmendorf

In luftiger Höhe

75 Der Jahrtausendblick in Steinbergen

Unweit der Autobahn A2 auf dem Messingberg bei Rinteln ragt eine futuristisch anmutende Aussichtsplattform aus Stahl und türkis eingefärbtem Glas aus den Baumwipfeln des Wesergebirges. Der sogenannte Jahrtausendblick war einst das Herzstück der Erlebniswelt „steinzeichen steinbergen" – einem naturnahen Erlebnis- und Freizeitpark, der als dezentrales Projekt der EXPO2000 in Hannover entstand. Heute ist die 250 Meter hohe Aussichtsplattform das einzige noch intakte Überbleibsel des Parks, die restlichen ehemaligen Attraktionen sind nur noch teilweise erhalten. An diesem Lost Place erlebt man also Nostalgie pur! Doch für die Zukunft gibt es auch schon Ideen: Auf dem weitläufigen Gelände des ehemaligen Parks sollen Escape Games veranstaltet werden.

Wer den Jahrtausendblick besuchen möchte, sollte gut zu Fuß sein, denn es geht immer wieder bergauf. Der fast 2 Kilometer lange Rundweg folgt dem des ehemaligen Freizeitparks und führt durch lauschige Waldabschnitte sowie an einigen ehemaligen Attraktionen – einem Tunnel, einem Themen-Kino und einem kaputten Abenteuerspielplatz – vorbei. Der Jahrtausendblick selbst kann seit März 2020 wieder bestiegen werden. Wer die 156 Stufen zur Aussichtsplattform gemeistert hat, wird mit atemberaubenden Blicken ins Weserbergland belohnt: Von hier bieten sich schöne Aussichten ins Wesertal, die Norddeutsche Tiefebene sowie den angrenzenden aktiven Steinbruch. Selbst Personen mit Höhenangst sollten sich trotz der luftigen Höhe und dem durchsichtigen Gitterstahl nach oben wagen: Der Panoramablick, den man von hier aus hat, zahlt sich einfach aus!

Nach der Wanderung und Besteigung des Jahrtausendblicks kann man sich im Biergarten ausruhen, der im Sommer jeden Tag geöffnet hat. Er ist vom kostenlosen Parkplatz aus über einen kurzen, ein wenig steilen Fußweg zu erreichen. Auf dem Hin- und Rückweg zum Jahrtausendblick kommt man daran vorbei. Eintritt bezahlt man erst, wenn man den Rest des ehemaligen Freizeitparks sowie den Jahrtausendblick besuchen möchte.

- Jahrtausendblick, Arensburger Straße 4, 31737 Rinteln
- ÖPNV: Bus 2020, 2021, 2023, Haltestelle Buchholz (b Stadthagen) Talbrücke; Bus 2006, 2021, 2023, Haltestelle Buchholz (b Stadthagen) Schlingmühle

Heilendes Solewasser

76

Die Ith Sole Therme in Salzhemmendorf

Wasser hat bekanntlich viele positive Eigenschaften. Dies trifft insbesondere auf das Wasser der Ith Sole Therme in Salzhemmendorf zu. Mit 6 Prozent besitzt sie die zweithöchste fluoridhaltige Schwefel-Sole in Deutschland und ist – neben einer Quelle in Island – sogar als beste Schwefel-Sole-Quelle Europas anerkannt. Solewasser werden viele heilsame Wirkungen nachgesagt: Es stärkt das Immunsystem und wirkt nachweislich fördernd gegen Allergien, Muskelverspannungen sowie Haut- und Atemwegserkrankungen. Wer die Ith Sole Therme besucht, kann also nicht nur eine Auszeit vom stressigen Alltag nehmen, sondern tut gleichzeitig auch etwas für seine Gesundheit!
In der Therme trifft Antike auf Moderne. Sowohl der Innenbereich mit dem griechischen Tempel, dem großen Thermen-Pavillon sowie einigen Whirlpools als auch der Außenbereich mit den zwei nebeneinander liegenden Pools besitzen ein stilvolles, mediterran-antikes Ambiente. Im Außenbereich lädt das Vitalbad zum Schwimmen ein, die Lagune mit ihren Whirl-Liegen und dem Whirl-Tempel hingegen eignet sich eher zum Entspannen. Zudem gibt es hier eine Pool-Bar, sodass sich die Besucher ihr Open-Air-Bad mit einem Cocktail – oder einem anderen kühlen Getränk – versüßen können. Wer gerne sauniert, findet hier drei verschiedene Saunen sowie ein Dampfbad.

Das Thermalbad-Restaurant bietet viele frische und regionale Gerichte für den kleinen und für den großen Hunger. Auf der Speisekarte stehen verschiedene Vorspeisen, Salate, Ofenkartoffeln, Nudelgerichte, Schnitzel, Steaks sowie verschiedene Desserts. Eine gute Abwechslung, um den Körper nach dem entspannten Bad wieder zu stärken. Wer mag, kann seine Pause von der täglichen Routine mit einer Behandlung oder einer Verwöhnmassage im Spa- & Wellnessbereich abrunden. Für die Aktiveren bietet der Therafit-Club eine einzigartige Kombination aus Fitness – sowohl im Wasser als auch im Studio – und eine Thermenwelt, um Geist und Körper in Einklang zu bringen.

TIPP
Jeden ersten Freitag im Monat findet die Mitternachtslounge statt – Cocktails im Wasser inklusive!

● Ith Sole Therme, In der Saale-Aue 2–5, 31020 Salzhemmendorf, Tel. (0 51 53) 80 30 50, www.ther.me
● ÖPNV: Bus 71, Haltestelle Salzhemmendorf Therme

Therme & Sauna
FRISEURHAUS

Eine Seefahrt, die ist lustig

77

Das Weserbergland vom Wasser aus erleben

Nicht nur mit dem Fahrrad und zu Fuß, sondern auch vom Wasser aus lässt sich das Weserbergland hervorragend erkunden. Dies geht am besten mit der Flotten Weser: Mit den Ausflugsdampfern dieser Reederei kann man verschiedene Abschnitte der Weser zwischen Bad Karlshafen und Bremen erkunden. Dafür steht eine Flotte von aktuell sechs Schiffen zur Verfügung. An Bord kann man die malerische Landschaft ganz in Ruhe an sich vorbeiziehen lassen und so das Weserbergland mal aus einer ganz anderen Perspektive kennenlernen. Dies ist im Sommer an Deck der Ausflugsdampfer besonders reizvoll. Für die Verpflegung ist ebenfalls gesorgt, sodass einer gemütlichen Kaffeepause auf dem Wasser nichts im Weg steht.

Die Gäste haben die Qual der Wahl – je nachdem, wonach ihnen der Sinn steht und wie viel Zeit sie mitbringen: Von informativen Linienfahrten bis hin zu ausführlichen Rundfahrten gibt es zahlreiche Angebote von unterschiedlichen Abfahrtsorten. Unterwegs halten die Schiffe an vielen Orten, sodass man die Fahrt gut mit dem Besuch einer Stadt oder einer Sehenswürdigkeit kombinieren kann. Ein besonders schöner Streckenabschnitt liegt z. B. im Bereich der Oberweser zwischen Bad Karlshafen und dem Weltkulturerbe Corvey. Aber auch die Tagestour von der Rattenfängerstadt Hameln bis in die Münchhausenstadt Bodenwerder ist empfehlenswert. Welche Linie und welche Rundfahrt zu welchem Zeitpunkt angeboten wird, können Interessierte den Fahrplänen auf der Webseite der Flotten Weser entnehmen. Die Saison fängt in der Regel zu Ostern an und endet im Oktober; für Gruppen fahren die Schiffe auf Anfrage aber sogar ganzjährig.

TIPP

Eine Rad- und Schiffstour miteinander verbinden – Fahrräder dürfenmit an Bord genommen werden!

Zusätzlich zu den üblichen Fahrten bietet die Flotte Weser auch regelmäßig Events, wie z. B. die Saisoneröffnungsfahrt, BBQ-, Frühstücks- und Schlemmerfahrten, sowie Partyschiffe. Und wer ein Fest im ganz besonderer Atmospäre feiern möchte, kann einige der Schiffe sogar exklusiv mieten!

- Schifffahrtsbüro Hameln, Am Stockhof 2, 31785 Hameln, Tel. (0 51 51) 93 99 90 www.flotte-weser.de
- ÖPNV: Bus 10, 15, 21, 40, 50, 51, 520, Haltestelle Hameln Mühlenstraße/ Rattenfängerhalle

Schlichte Erhabenheit

78

Die Klosterkirche in Lippoldsberg

Ein kleines Dörfchen an der Oberweser im nördlichen Hessen. Eigentlich ein Dorf wie jedes andere seiner Art – wäre da nicht die das Tal und den Ort dominierende Klosterkirche. An der Mündung des Flüsschens Schwülme in die Weser thront sie auf einem natürlichen Schotterhügel. In Sandstein und Schieferfarben gehalten, überzeugt die vollständig erhaltene, romanische Basilika vor allem durch ihre schlichte Erhabenheit. Wer die Klosterkirche Lippoldsberg besucht, wird in längst vergangene Zeiten zurückversetzt – genauer gesagt, in die erste Hälfte des 12. Jahrhunderts, als die Kirche entstand. Das ehemalige Benediktinerinnen-kloster kann auf eine mehr als 850-jährige Geschichte zurückblicken und ist ein hervorragendes Zeugnis einer Klosterkultur, die sich im Mittelalter in der Weserregion entwickelt hat. Zudem war sie die erste vollständig eingewölbte Großkirche Norddeutschlands!

Heute ist die Klosterkirche in Lippoldsberg ein Baudenkmal von nationaler Bedeutung. Neben ihrer sakralen Nutzung stellt sie auch ein touristisches Highlight dar, das sowohl Erholungssuchende, historisch Interessierte als auch Pilger anzieht. Die Klosterkirche sowie alle umliegenden Bereiche können kostenfrei besichtigt werden – eine Spende ist aber natürlich immer gerne gesehen! Wer mehr Informationen über die wechselvolle Geschichte der Kirche erfahren möchte, findet im Besucherzentrum Klosterpforte, direkt neben dem Haupteingang, einen spannenden multimedialen Museums- und Informationsbereich. Direkt daneben gibt es im Klosterladen regionale Produkte, Bücher, Geschenkartikel und vieles mehr. Wer eine kleine Ruhepause benötigt, kann es sich hier in einer Leseecke mit einer leckeren Tasse Kaffee gemütlich machen. Und wem es bei der Klosterkirche Lippoldsberg so gut gefällt, dass er hier länger verweilen möchte: In die Ruhe der Klosteranlage eingebettet, findet man in der traditionsreichen Herberge schlichte, aber stilvolle Übernachtungsmöglichkeiten!

TIPP

Die Klosterkirche ist überregional auch als Veranstaltungsort bekannt – vor allem für Konzerte!

● Klosterkirche Lippoldsberg, Schäferhof 19, 34399 Wesertal/Lippoldsberg
www.klosterkirche.de

● ÖPNV: RB 85, RB 81, Bodenfelde (Kreis Northeim) Bahnhof (ca. 20 Minuten Fußweg); Bus 194, Haltestelle Lippoldsberg/Kreissparkasse (ca. 5 Minuten Fußweg)

Hohe Klippen, weite Blicke

79 Der Hohenstein bei Hessisch Oldendorf

Sie tragen mystische Namen wie „Hirschsprung“, „Kreuzstein“ oder „Teufelskanzlei“ – die Rede ist von den Felsen des Hohensteins, einem 40 Meter steil abfallenden Hochplateau im Westen des zum Weserbergland gehörenden Süntel-Gebirges, einem beliebten Wandergebiet zwischen Hameln und Hannover. Die steinernen Klippen des Hohensteins ragen weit aus dem Wesertal heraus und sind deshalb schon aus der Ferne gut sichtbar. Einst eine Kultstätte der Germanen zu Ehren ihrer Frühlingsgöttin Ostara, ist der Hohenstein heute ein gefragtes Wander- und Kletterziel. Obwohl das Gebiet aufgrund seiner interessanten Fauna bereits seit 1930 unter Naturschutz steht, ist es für Wanderer – und Kletterer – freigegeben. (Einige der Felsen stehen ganzjährig unter Kletterverbot, andere nur im Winter vom 1. Oktober bis zum 15. März.)
Wer den weiten Ausblick vom Hohenstein genießen möchte, der sollte sich auf eine ausgiebige Wanderung einstellen. Eine schöne Tour beginnt in Zersen, einem kleinen Örtchen nördlich der Rattenfängerstadt Hameln. Hier wandert man von einem Parkplatz aus durch den Wald und über die saftig grünen Wiesen des sogenannten Blutbachtals (seinen Namen verdankt das Tal einer Schlacht zwischen dem Anführer der Sachsen Widukind und dem Frankenheer von Karl dem Großen im Jahr 782). Danach führt der Weg in Windungen bergauf durch den ruhigen Wald – einige Treppenstufen erleichtern den Aufstieg allerdings. Oben angekommen, wird man mit tollen Ausblicken auf das Naturschutzgebiet Hohenstein sowie das Wesertal belohnt. Ein Höhenweg führt an den schroffen Klippen vorbei, bevor der Rückweg dann über bequeme Wald- und Forstwege erfolgt. Insgesamt ist diese Tour ca. 8 Kilometer lang, man sollte also auf festes Schuhwerk achten. Wieder am Parkplatz, dem Ausgangspunkt der Wandertour, angekommen, können die Wanderer ihre müden Füße in einem Wassertretbecken abkühlen. Wer hingegen unterwegs schon eine Stärkung braucht, kann an der Baxmann Baude mitten im Wald Rast machen – dort gibt es Kaffee, Kuchen, erfrischende Getränke und herzhafte Speisen.

● Hohenstein, 31840 Hessisch Oldendorf

Sonne, Wasser und Natur pur

80 Das Freizeitgelände Ahlemeyer bei Höxter

Unweit der nordrhein-westfälischen Kreisstadt Höxter, im Stadtteil Godelheim, liegt das ca. 50 Hektar große Freizeitgelände Ahlemeyer, das sich bereits seit 1976 im Besitz der gleichnamigen Eigentümerfamilie befindet. Das Erholungsgebiet um die Godelheimer Seenplatte besteht aus mehreren Seen, die zwei Halbinseln sowie eine richtige Insel umgeben. In den Sommermonaten können die Gäste hier Sonne, Wasser und Natur satt genießen. Und bei einem Tag am See mal so richtig die Seele baumeln lassen.

Der Badespaß im kühlen Nass sowie das Relaxen am Badestrand stehen dabei natürlich im Vordergrund. Darüber hinaus werden für Aktivere aber auch zahlreiche Wassersportmöglichkeiten angeboten: Neben Segeln und Angeln kann man sich beispielsweise ein Tretboot mieten und über die ca. 30 Hektar große Wasseroberfläche gleiten. Da sich das Freizeitgelände zudem direkt an einem Radwanderweg befindet, lädt es auch zu kürzeren – oder längeren – Radtouren ein. Wer hingegen lieber zu Fuß unterwegs ist, der kann auf einigen Rundwanderwegen die idyllische Natur des Weserberglands genießen. Für das leibliche Wohl sorgt eine Gastronomie vor Ort, in der durchgehend warme Küche serviert wird – und von deren Terrasse aus man das muntere Treiben in der Freizeitanlage gut beobachten kann. Neben Bruschetta, Salaten, Pizza und Burgern gibt es hier auch frische Waffeln und Eisspezialitäten. Es dürfte also für jeden etwas Leckeres dabei sein!

Wer länger in der Freizeitanlage Ahlemeyer verweilen möchte, kann sich eine Parzelle für einen oder mehrere Tage mieten. Die Plätze liegen größtenteils direkt am Wasser und sind alle mit einem Grill (der auch für Lagerfeuer geeignet ist) sowie einer rustikalen Sitzgruppe ausgestattet. Die Godelheimer Seenplatte – und speziell die Freizeitanlage Ahlemeyer – bieten also alles für den perfekten Freizeitspaß für die ganze Familie!

● Freizeitgelände Ahlemeyer, Godelheimer Straße 57, 37671 Höxter, Tel. (0 52 71) 82 07, www.freizeitgelaende.de

Bibliografische Informationen der Deutschen Nationalbibliothek
Die Deutsche Nationalbibliothek verzeichnet diese Publikation in der Deutschen Nationalbibliografie; detaillierte bibliografische Daten sind im Internet über http://dnb.d-nb.de abrufbar.

2., aktualisierte Auflage 2024
Konzeption/Satz: Droste Verlag, Düsseldorf
Einbandgestaltung und Illustrationen: Britta Rungwerth, Düsseldorf, unter Verwendung von Bildern von © Fotolia.com: jd – photodesign.de; © iStock: Plociennik Robert
Fotos: Anja Koser, außer:
Dinosaurier-Park Münchehagen: S. 19; Dr. Kurt Gilde © Touristikzentrum Westliches Weserbergland: S. 137; Michael Goduscheit © Campingpark Humboldtsee: S. 119; Hubschraubermuseum Bückeburg: S. 23; Markus Löschner © Bad Karlshafen GmbH: S. 65; Niedersächsisches Staatsbad Pyrmont Betriebsgesellschaft mbH: S. 107 (Christian Wyrwa), S. 123 (Regine Koepnick); Johannes Pietsch © Rittergut Remeringhausen: S. 117; Schlosshotel Münchhausen Schloss Schwöbber: S. 39; Schloßwirtschaft Hehlen: S. 91; Sommerrodelbahn Bodenwerder: S. 79; Hans P. Szyszka © Fagus-Werk: S. 87; Christa und Wolfgang Wagner © Graf Everstein: S. 49; Jana Wenderoth © Ölmühle Solling GmbH: S. 153; www.stock.adobe.com: S. 75 (enezselvi), S. 85 (pixs:sell), S. 165 (Christian Schwier)

MIX
Papier | Fördert gute Waldnutzung
FSC® C011279
www.fsc.org

Druck und Bindung: LUC GmbH, Greven
ISBN 978-3-7700-2663-0

www.droste-verlag.de